Dolci
DEL SOLE

Alla regina dei dolci; in attesa di leggere un tuo libro!

Ti voglio bene.

A mia madre Carmela e mio padre Antonio,
per tutto quello che mi hanno insegnato,
trasmettendomi passione e amore
per il mio lavoro.

Coordinamento editoriale e redazione di Patrizia Segre
Progetto grafico e impaginazione di Floydart - Varese
Fotografie di Roberto Sammartini
le foto alle pagine 83, 197, 248 e 249 sono di Donald Gislason
le foto alle pagine 30, 252 e 253 sono di Antonio Violante

Prima edizione: ottobre 2008
Seconda edizione: dicembre 2008
Terza edizione: dicembre 2008
Quarta edizione: gennaio 2009
Quinta edizione: febbraio 2009
Sesta edizione: febbraio 2009
Settima edizione: febbraio 2009

ISBN 978-88-17-02431-0

SALVATORE
DE RISO

Dolci DEL SOLE

Ricette, passione
e tradizione della
Costiera Amalfitana

A cura di Clara Vada Padovani

Rizzoli

Sommario

PALAZZO • VINGIUS
694

* Ricette adatte anche per soggetti con intolleranze alimentari

Salvatore
De Riso
Accademia
Maestri
Italiani
Pasticceri

Prefazione

Se mai nei miei sogni "proibiti" mi sono immaginata immersa in una vasca piena di dolcezze, l'ho fatto dopo aver visto Salvatore De Riso lavorare, impastare, montare e frullare creme, panna, cioccolato, con una tecnica quasi scientifica, con la saggia modestia di chi è sicuro di sè, e con la pazienza certosina degli artigiani di "una volta".
Dovessi fare a parole un ritratto di Salvatore lo descriverei come un uomo di Costiera forte, sapiente e tenace. Un "pasticcere" nel senso pieno del termine, che puoi immaginare come personaggio fantastico di una favola per bambini o come protagonista assoluto di moderni *symposium* sulle tecniche più evolute dell'arte in cui eccelle. L'immagine di Salvatore non prescinde mai dai "suoi" limoni, dalle "sue" nocciole, dalla "sua" ricotta e da tutto quello che una terra così generosa e feconda gli offre.
Ma tanto "ben di Dio" a disposizione nel luogo dove è nato e cresciuto non gli ha impedito di andare a cercare altrove, in Italia e all'estero, ingredienti nuovi, sempre di ottima qualità, da accostare, fondere e sposare con i profumi e i sapori della sua Costiera Amalfitana.
Dalla ricerca e dall'unione di eccellenti materie prime nascono i suoi meravigliosi dolci, e qui più che altrove il termine "dolce" rappresenta in pieno tanto il sostantivo quanto l'aggettivo qualificativo. Le torte di Salvatore sono generose come lui. In un solo *morceau* c'è il massimo di quello che puoi aspettarti da un dessert: il piacere suggestivo e poetico della vista e il piacere magnificamente godurioso del palato. E questo principio vale sia per le ricette della grande tradizione sia per quelle che nascono dalla sua incredibile fantasia e creatività. Infatti dare un ingrediente a Salvatore è come dare il "la" a un musicista. Da quella nota dà vita a una sinfonia da dedicare a un frutto, a una stagione, a una città, a una poesia, a un film... e perché no? A una donna!
Contro la tristezza un fiore può servire, ma se ti tiri su le maniche e segui le istruzioni di Salvatore, vedrai che le sue ricette sono delle vere e proprie formule golose di felicità!

Antonella Clerici

la pasticceria

Introduzione

Nel mio ultimo viaggio a Minori con il mio amico Jamie Oliver, mentre eravamo in giro a fare le foto per il suo libro e a descrivere il luogo alla troupe, incontrammo davanti alla chiesa Salvatore. Lo presentai al gruppo e lo coinvolgemmo a preparare la torta per il compleanno di Jamie, che era proprio il giorno dopo. L'indomani girammo uno sketch per la televisione inglese allestendo una meravigliosa festa in un vecchio palazzo in Via Pioppi, che si concluse con l'arrivo di Salvatore e della sua torta di delizie al limone. Più tardi, finito il lavoro, ci rilassammo tutti insieme davanti a una bottiglia di Limoncello e iniziai a raccontare i bellissimi ricordi della mia infanzia. Abitavo di fronte al bar di Antonio, il papà di Salvatore, era la casa di mio nonno. La mattina uscivo di casa e nell'aria c'era un profumo intenso di limone. Era Antonio che grattugiava i limoni con un pezzo di vetro. Metteva la buccia in infusione nell'acqua e zucchero per fare la granita e quell'inebriante odore inondava tutta la piazza. La sua granita era buonissima, l'unica del paese e irripetibile. Mi fermavo sempre a guardare, ero attratto dalla sua maestria unica nel grattare la buccia dei limoni; lui notò il mio interesse e spesso mi invitava ad aiutarlo, ma, con tutta sincerità, non sono mai riuscito ad imitarlo. Lo stesso valeva per il latte di mandorla che ricavava pestando le mandorle fresche in tovaglioli di lino; premendo con le dita ne usciva un latte odoroso che miscelato con l'acqua inebriava e rinfrescava il palato. Quel piccolo locale era il centro e l'anima del paese. Le zie di Antonio, Lilina e Antonietta, erano uniche in grazia e cortesia. Ho l'immagine di Lilina, con una grande treccia e il suo viso molto bello, che sorrideva dietro al suo banco. A fianco c'erano le vetrinette delle cartoline illustrate che erano di un verde chiaro; alle spalle erano allineati diversi contenitori di vetro con confetti di varie forme. E poi c'erano i "sciù-sciù", cioè delle caramelle gommose di cui noi bambini eravamo ghiotti. Sia Antonio sia Lilina, con pazienza infinita, ci contavano i piccoli dolci, che allora si vendevano al pezzo. Ancora oggi, quando ritorno nel paese, una delle tappe principali è andare a salutare Antonio, Salvatore e suo fratello Alessandro. La mamma, che era una donna splendida e forte di carattere, aveva una grande capacità lavorativa. Salvatore, credo le somigli molto soprattutto per la sua originale creatività e laboriosità. Sul menu del mio ristorante Passione, a Londra, i dolci e tutti i prodotti di Salvatore non mancano mai perché sono prodotti di gran gusto, di gran classe, ma soprattutto di grande genuinità.

Gennaro Contaldo

L'oro del mio sole

Un giorno mi arrivò un'e-mail: "Le tue torte sono commoventi". Si firmava Daniela e diceva di averle assaggiate in un ristorante del Nord, lontano dalla Costa d'Amalfi, che ricordava con nostalgia e dove qualche mese prima era stata nella mia pasticceria, e aggiungeva: "Manca soltanto il fascino di Minori".

Durante i festeggiamenti del 25° di Don Franco, davanti alla chiesa di San Domenico, mentre allestivo un buffet, mi si avvicina una giovane coppia. Entrambi belli come il sole e sorridenti si presentano: "Ciao Salvatore, ci chiamiamo Agostino e Mariarosa. Vogliamo ringraziarti perché il nostro amore è nato al primo incontro nella tua pasticceria mentre ci lasciavamo coccolare dalla bontà dei tuoi dolci. Un giorno ci piacerebbe coronare il nostro sogno d'amore con una tua torta nuziale".

Sono solo alcune delle dediche ed esternazioni di affetto più belle che io abbia mai ricevuto. Oggi molti mi conoscono come volto televisivo. Mi vedono accanto ad Antonella Clerici e Beppe Bigazzi, con una frusta in mano mentre preparo una crema pasticcera o con un sac-à-poche decoro un profiterole. Dopo, mi fermano per strada o mi scrivono chiedendomi di svelare il segreto delle mie ricette. Ora tutte le mie dolcezze sono raccolte in questo libro.

Si comincia con i dessert ai quali sono più legato, quelli che hanno segnato la mia carriera: le ho chiamate, perdonatemi, le mie "creature". Anno dopo anno, rappresentano significative tappe della mia vita, non soltanto professionale: mi ricordano anche i miei figli Anastasia e Antonio, mia moglie Anna, i miei genitori Antonio e Carmela. Segue la sorpresa dolce-salata per un buffet tra amici, magari in una terrazza affacciata sul mare o nel giardino di casa: *finger food* divertenti, da mangiare con le mani e preparati con il cuore, accostati alle mie confetture di frutta e verdura. Nei tavolini del mio locale che s'affaccia su un mare dalle mille suggestioni sono ormai in tanti a fare "cin cin" con le mie specialità: negli ultimi anni l'arte pasticcera è cambiata, i bicchieri sono diventati un nuovo modo per declinare creme e consistenze croccanti. In questo libro scoprirete quanto siano facili da cucinare e belli da vedere. Poi ho voluto raccogliere i dolci per far festa in famiglia. Perché? Perché il mio mestiere è forse il più bello del mondo quando riesco a regalare un momento di gioia a grandi e piccini. Che cosa c'è di meglio di una golosa bontà da condividere con figli, nipoti, parenti e amici? Infine la mia ultima creazione: i barattoli, per realizzare dessert originali, in cui lo scrigno che li racchiude serve anche per cuocerli. Veloci e comodi da preparare. Tutte le ricette sono state rese semplici affinché possano essere realizzate in versione casalin-

ga. Certo, come sostiene Daniela nella sua e-mail, vi mancherà Minori, ma potrete sempre venirmi a trovare. E poi in questo libro, le fotografie e il racconto che nasce dal mio album di famiglia vi faranno vivere l'atmosfera da cui prendono vita le mie "creature", nella pace dei monti di Tramonti e nella luce mediterranea della Costiera Amalfitana. Capirete perché li ho voluti definire i "dolci del sole".
Sono un omaggio ai prodotti straordinari della mia terra e di tutto il Sud d'Italia: l'oro dei limoni Costa d'Amalfi, ma anche la melannurca, le nocciole di Giffoni, la ricotta di Tramonti, gli agrumi campani, i pomodori di San Marzano. Magari non troverete sempre le nocciole di Giffoni o la melannurca Igp, per realizzare una mia ricetta: ma, siatene certi, i dolci che otterrete saranno ugualmente buoni se preparati con pazienza e un pizzico di passione. Ed è proprio questa passione che mi fa dimenticare il successo raggiunto e mi riporta sempre a Minori dove tutto ha avuto origine: qui, nella piazza accanto alla chiesa di Santa Trofimena, dove sono nato, in casa come si usava allora, il 28 novembre del 1966. A nove anni, d'estate, davo già una mano a mio padre nel suo piccolo bar che si affacciava proprio su questa piazza, e dove tutti venivano a dissetarsi con la sua granita al limone, fin dagli anni Sessanta. Ricordo che mia mamma Carmela, che era un'ottima cuoca, prima di andare a scuola mi rincorreva per farmi bere il latte fresco: lo rendeva dolce con un po' di zucchero che aromatizzava con la scorza di limone. Quel sapore d'infanzia mi è rimasto nella mente e oggi con le mie dolci creazioni cerco di riproporre quelle sensazioni di semplicità, di calore mediterraneo e di tradizione che ho sempre respirato in casa.

Salvatore De Riso

Una costiera al limone

di Clara Vada Padovani

Il verde e l'oro dei giardini di limoni degradanti verso il mare. Il bianco delle case nelle "piccole città assai presso Salerno" che nel XIV secolo affascinarono anche l'autore del *Decameron*, Giovanni Boccaccio, quando si trovò a transitare in quella "costa sopra 'l mare". Il parco incantato di Ravello che ispirò Richard Wagner. La terrazza di Villa Cimbrone, affacciata sull'infinito e dalla "vista stupenda" che emozionò John Kennedy. I "colori puri" sotto il sole che fanno andare con la mente ai "luoghi perfetti dell'infanzia", come scrisse Salvatore Quasimodo. Immagini… che affiorano quando si assaggia una cucchiaiata di Tiramisù al limone o una fetta di Dolce d'Amalfi o si beve una granita al limone, seduti sulle poltrone di vimini della pasticceria SalDeRiso, sul lungomare di Minori, in Costiera Amalfitana.
Ma anche il sorriso di Salvatore e la luce che brilla nei suoi occhi neri sono racchiusi nei dolci che prepara con passione e fantasia. In ogni suo dessert o spuntino dolce-salato si trova il *terroir* della

costa e delle colline Amalfitane. *Terroir* è una parola francese quasi intraducibile, perché il termine "territorio" non basta a spiegarla: nel concetto di *terroir* è insita la presenza di qualcuno che ama e rappresenta quella zona. Il Sud Italia è oggi la nuova scoperta gastronomica dell'Europa, il giacimento dei prodotti senza i quali i "dolci del sole" di Salvatore non potrebbero esistere. Delizie zuccherate e salate che trovano la loro ragione di essere nei frutti e negli ortaggi che il sole del Meridione rende sugosi, sapidi, invitanti.

E, se si vuole capire fino in fondo la sua pasticceria, bisogna venire a Minori, il paese a venti chilometri da Salerno e a tre da Amalfi che qualcuno ama definire un piccolo presepe affacciato sul mare.

Da sempre qui il sole costituisce la vita e la fortuna degli abitanti. Il turismo divenne una grande risorsa economica da quando i ricchi, nei primi del Novecento scoprirono le proprietà taumaturgiche delle sabbiature, dovute a una particolare composizione minerale dell'arena di quella costa mediterranea. E mentre sulle colline sopra Amalfi erano al lavoro i contadini che usavano il calore del sole per essiccare i pomodori a "piennolo" (cioè a grappoli su un pendolo), altri se ne dovevano difendere, per salvare da temperature troppo alte le coltivazioni di limoni sui terrazzamenti. Per fare ombra usavano frasche di alloro appoggiate alle pertiche di castagno, oggi sostituite da più pratiche reti nere.

I raggi solari servivano anche ad asciugare la pasta sulla Marina di Minori. Lo testimoniano alcune belle fotografie d'epoca nelle quali si intravedono le sfoglie di pasta appena fatta distese al sole su grandi stuoie, tra la gente che cammina lungo il mare. Si trova traccia di quella specialità della Costiera anche nel testo di un viaggiatore francese del XVII secolo, Jean Jacques Bouchard, che elogiava i "maccaroni di Minore, ove si fanno li migliori d'Italia… veramente eccellenti e di tutt'altro gusto che li usuali". Infine i dardi infuocati dal cielo asciugavano la carta fatta a mano sugli "spanditoi" o stenditoi, a volte stesi anche in locali riscaldati dalle calcare usate per cuocere la calce.

Nel 1997 l'Unesco ha inserito questa costa baciata dal sole tra i territori "Patrimonio dell'Umanità": nella motivazione spicca la "versatilità degli abitanti" che nei secoli sono riusciti ad adattare il territorio alle loro esigenze. E così si capiscono le parole dello scrittore verista Renato Fucini, nel suo reportage dalla Campania del 1878: "Il giorno del giudizio, per gli amalfitani che andranno in paradiso, sarà un giorno come gli altri".

Minori all'inizio del Novecento. Dove ora c'è la pasticceria di Salvatore un tempo avevano sede i pastifici che facevano asciugare al sole la loro famosa pasta di grano duro.

Album di famiglia

Quella di Salvatore e della sua famiglia è una tipica storia italiana, intrisa di coraggio e voglia di lavorare, di passione e successi conquistati a morsi dalla vita, senza mai arrendersi. A Minori oggi tutti lo fermano per salutarlo, riceve tutti i giorni decine di e-mail da ogni regione dopo le sue apparizioni televisive: oramai davvero in tanti conoscono i suoi dolci.

La fortuna dei De Riso ha inizio negli anni Quaranta, in piazza Cantilena a Minori, in un piccolo bar di famiglia dove lo stesso Salvatore, nel 1976, molto giovane, incominciò a lavorare. E dopo anni di fatiche e grandi sacrifici, l'attività ha dato loro grandi soddisfazioni. Per papà Antonio la festa più grande è stata il 16 luglio del 2000. La data gli è rimasta impressa quanto quella della nascita dei suoi due figli, Salvatore (1966) e Alessandro (1972), perché quel giorno venne inaugurata la nuova pasticceria, ideata e voluta da Salvatore, sul lungomare di Minori, con il bancone frigorifero bello lungo, un laboratorio che da solo è più grande del loro primo "baricino" e tante sedie per far felici i clienti attirati dai sapori del sole. A papà Antonio si velano gli occhi quando lo racconta, perché, tre anni prima dell'inaugurazione, la sua Carmela Esposito, figlia di pescatori, lo aveva lasciato solo. E allora i figli, insieme a lui, dedicarono alla mamma quella nuova impresa che li riempiva di orgoglio.

Salvatore appena nato in braccio alla mamma e, a fianco, a tre anni seduto sul bancone del "baricino".

"Sono contento che Salvatore abbia fatto tan-

Mamma Carmela al mare insieme a zia Clementina e, sotto, una grande riunione di famiglia.

ta strada", sorride Antonio, pensando, forse con un po' di nostalgia, al suo piccolo bar-tabaccheria che per anni fu un punto di riferimento per il paese, sempre rifornito di tutto: sale e spezie per macellare i maiali d'inverno, caffè bollito sui carboni e tabacco per fare le sigarette a mano. E il piccolo Salvatore è cresciuto lì dentro: "Mi addormentavo, nelle sere d'estate, sui pacchi di sale da 20 chilogrammi dei Monopoli di Stato che servivano da scorta".

A un certo punto papà Antonio incominciò anche a fare i gelati: bolliva latte, uova e zucchero in una pentola, perché non erano ancora arrivati i pastorizzatori, e la versava nelle "carpine", i vecchi secchielli per i gelati, da tenere nel ghiaccio. Solo nel 1975 arrivò la prima macchina verticale con il pastorizzatore. Spiega Salvatore: "Si faceva il gelato sul banco e papà infilava un cucchiaio di legno molto grande, al quale

Salvatore a un anno, festeggiato con il dolce della sua mamma.

si attaccava la crema: appena fatto, era straordinario". E il padre, con un sorriso, aggiunge: "C'erano pochi gusti, crema, cioccolato e limone, e i minoresi accorrevano a mangiare i coni da 5, 10, 20 lire. I forestieri venivano soltanto la domenica".
Il piccolo primogenito De Riso è cresciuto in mezzo a questi aromi. E tra i suoi ricordi d'infanzia emerge anche una torta al cioccolato di mamma Carmela fatta con tuorlo d'uovo, panna, tavolette fondenti e albume montato a neve: "Mia madre preparava quel dolce con una concezione molto moderna. Realizzava una mousse al cioccolato, più parigina che italiana, con la quale farciva poi il pan di Spagna che decorava con la panna. Era squisita e la si faceva per le grandi feste".

Le premesse c'erano tutte. Ma c'è un momento in cui scatta in lui la "vocazione" a fare lo chef. È una domenica del 1976, Salvatore ha dieci anni e deve accudire mamma Carmela che non sta troppo bene. Il menu di casa per pranzo prevede gli involtini con il ragù. Il padre è nel bar a servire i gelati e il fratello Alessandro ha appena quattro anni. Che cosa fare? Salvatore decide di preparare da solo quel piatto. "Mia madre, dal letto, mi spiegava come agire. 'Prendi le fettine di carne, poi mettici il prezzemolo, l'aglio... il Parmigiano grattugiato: arrotolale per bene e falle soffriggere nella cipolla e nel pomodoro. Poi fai cuocere lentamente'. Così, a 10 anni, cucinai il mio primo ragù e fu una grande soddisfazione e un vero successo. Da quel momento incominciai a capire che quello sarebbe stato il mio futuro." L'iscrizio-

Nonno Antonio, pescatore, vendeva i suoi pesci girando la Costiera con l'Ape.

ne alla scuola alberghiera di Salerno all'inizio degli anni Ottanta diventa quasi inevitabile, con un talento naturale tanto spiccato. Mentre frequenta i corsi, la sera Salvatore fa pratica nei grandi alberghi della Costiera: l'Hotel San Pietro, il Palumbo, il Caruso di Ravello e il Miramalfi di Amalfi. Si diploma nel 1985 e per sette anni fa l'aiuto-cuoco.

Un giorno, poi, la sua vita cambia. È il 18 novembre 1987, il padre Antonio e la madre Carmela festeggiano le loro nozze d'argento e Salvatore si offre di imbandire un grande buffet sul terrazzo di casa per cento invitati, tra parenti e amici: una festa memorabile, una sorta di *Pranzo di Babette* che ancora oggi a Minori ricordano. E tutti chiedevano ai De Riso: "Dove avete comprato questi dolci così buoni?". Il cuoco-pasticcere è al settimo cielo: "Ero felice di poter dire: 'Li ho fatti io!'. Dopo qualche giorno arrivarono i primi ordini da amici e parenti: 'È il compleanno di mio padre, mi prepari la torta?'. A quel punto capii che potevo mettermi in proprio e decisi di comprare un piccolo forno e una planetaria, una di quelle macchine che servono a impastare la crema, e aprire un laboratorio, alle spalle del 'baricino' di papà, tutto mio". Nel negozietto di famiglia viene tolto il mobile per le merendine già confezionate (non senza qualche discussione!) e si mettono in bella mostra i dolci di Salvatore: un successo. Il passaparola funziona e ben presto si presentano dei ristoratori della Costiera interessati a comprare quelle crostate deliziose.

La svolta verso l'alta pasticceria avviene in una grigia mattina di pioggia. Racconta Salvatore: "Preparavo le paste della domenica, come si usano nel Sud, da 200 grammi l'una. E poi le lasciavo sul banco. Ma non ero soddisfatto perché bastava che quel giorno piovesse e mi rimanevano lì. Così mi decisi a proporre qualcosa di diverso: fu l'invenzione dei profiterole al limone. Era il 1988, ne preparai tre vassoi e li feci assaggiare a Giuseppe e suo fratello Alfredo, due miei amici. Alfredo passò a prendere il dolce nel negozio e mi raccontò che il profumo che emanava il pacchetto l'aveva quasi stordito: non riuscì a resistere e, salendo le scale di casa sua, giunto al terzo piano di quattro, si era fermato, l'aprì e incominciò a mangiare. Misi subito in vendita quei bianchi profiterole e finalmente tutti vennero a cercarmi".

Gli spazi del laboratorio via via si allargano e dopo l'improvvisa scomparsa di mamma Carmela nel 1997, anche il fratello Alessandro, all'età di 25 anni, decide di entrare nella "dolce" ditta e di abbandonare la sua passione, il mare, che lo aveva portato a diventare un bravo pescatore. Alessandro ha un po' di nostalgia nel raccontare quelle notti in barca, spinto fin da piccolo a fare quel mestiere dal nonno Antonio Esposito, il padre di Carmela: "A otto anni andavo sul molo a buttare il filo per pescare. Poi incominciai a imbarcami con un peschereccio: si partiva alle due di notte e si tornava alle 3 del pomeriggio. Ma era una vita dura e quando mio fratello mi propose di dargli una mano a vendere le sue torte, accettai e incominciai a girare con un furgone carico di dolci "abbattuti", cioè conservati con il freddo". È il metodo con il quale ancor oggi i dessert con il marchio Sal De Riso raggiun-

gono molti ristoranti in tutta Italia, distribuiti da un'organizzazione della quale Antonio Fortezza e Alessandro De Riso, con un altro collaboratore, sono stati i pionieri.
In ditta arriva anche il cugino Domenico, il lavoro cresce, l'azienda si allarga. Nel 2000 gli spazi non bastano più, s'inaugura la nuova pasticceria di Minori, che oggi è gestita da Alessandro De Riso e la moglie Katia con papà Antonio alla cassa fin dal mattino presto.

Anche il laboratorio originario, sia pure allargato, non è più sufficiente e così se ne apre uno nuovo a Tramonti, di 1300 metri quadri di superficie, sessanta volte più grande di quello delle origini, dove una ventina di collaboratori preparano delizie da spedire in tutta Italia con la tecnica del freddo (l'abbattimento rapido a -40 °C) che ne mantiene intatta la fragranza.
Il grande successo arriva un po' per caso. Tutto nasce da un ingegnere con due grandi passioni, la gastronomia e i viaggi, che

ha poi unito nella carriera di gourmet e di supervisore della guida *Alberghi e ristoranti d'Italia* del Touring Club Italiano: è Luigi Cremona che, un giorno di primavera del 1993 passa in Costiera alla ricerca di nuovi giacimenti del gusto e si ferma ad assaggiare i dolci della pasticceria De Riso: ne rimane folgorato e propone a Salvatore, mentre sta degustando le sue Delizie al limone, di entrare in un nuovo organismo che si stava formando in quei mesi: l'Accademia Maestri Pasticceri Italiani.

Ne è il fondatore Iginio Massari, un bresciano ancor oggi considerato il "maestro" di tutta l'alta pasticceria italiana, autore di testi fondamentali per i professionisti del settore: un formatore severo che collabora e gode della stima di tanti uomini appartenenti al *gotha* dolciario internazionale. Il primo incontro tra Massari e De Riso avviene durante un corso di formazione a Salerno, tenuto da Iginio, e poi il secondo, decisivo, è al Salone francese più importante di boulangerie, patisserie, glacerie che tutti gli anni si svolge a Porte de Versailles a Parigi.

Il 13 luglio si svolge la processione di Santa Trofimena, patrona di Minori, raffigurata nel bassorilievo.

Salvatore è sveglio, non ha ancora trent'anni ed è mosso dall'ardore della passione per questo mestiere. Non esita ad andare fino a Brescia, davanti alle vetrine della pasticceria Veneto di Massari, per guardare, capire, studiare. Sta là davanti, quasi non osa entrare. Ricorda il fondatore dell'Accademia: "Era un ragazzino timido. Lo vedevo davanti al negozio, non aveva il coraggio di entrare, finché mia moglie Mari non gli chiese: 'Lei chi è?'. 'Sono Salvatore De Riso, vengo da Minori e vorrei parlare con il maestro'. Era già pasticcere, ma ascoltava e cercava di rubare con gli occhi tutto ciò che lo poteva arricchire professionalmente.

Ho avuto subito l'impressione che si trattasse di un giovane intelligente ed emotivo. Mi chiedeva come doveva fare per migliorare la sua attività. Gli ricordai che aveva la fortuna di stare in un territorio ricco di materie prime dall'alto valore simbolico, dal quale non doveva allontanarsi. 'Devi valorizzare il Sud', gli dissi".

Salvatore De Riso
PASTICCERIA

Ha dovuto superare molti ostacoli per uscire dalla prospettiva che gli avrebbe dato il piccolo bar di papà, e sono stati Achille Zoia e Luigi Biasetto, maestri di alto spessore, a spronarlo e a farlo poi entrare in Accademia, nel 1994. L'ingresso avviene solo con un invito e dopo un esame molto severo. Salvatore ricorda ancora il dolce con il quale si presentò al Simposio nazionale di Sommacampagna, vicino a Verona, per superare la prova di ammissione: era la torta Profumo Amalfitano, realizzata con un biscotto alla cannella e crema al limone, guarnita da babà al limoncello e gelatina di mandarino. Fu un grande successo, che segna un nuovo inizio.
Dopo l'ingresso in Accademia sono tanti gli incontri, in Italia e all'estero, che trasformano quel giovane e timido pasticcere in un grande maestro. Tra gli amici sinceri c'è Eliseo Tonti, cioccolatiere e formatore noto in tutta Europa: a 16 anni, dalla sua Emilia-Romagna emigrò in Svizzera, aprendo un laboratorio a Vevey, sul lago di Losanna, che divenne il punto di riferimento di tanti golosi, come per esempio Charlie Chaplin. Il maestro Tonti ha un ricordo sempre vivo di Salvatore: "Aveva già quel suo viso così luminoso e sorridente che sembra dire in continuo 'grazie alla vita!'... Salvatore è lo specchio della sua Costiera e possiede una qualità che spesso fa difetto all'artigiano: il sapersi promuovere, il saper dare per avere.

Ha capito che è più utile e interessante star fuori dal laboratorio, viaggiare, conoscere e farsi conoscere. Ecco a cosa è dovuta la sua folgorante ascensione, che tuttavia non gli ha impedito di tenere la testa sulle spalle, e soprattutto la sua gentilezza e il suo sorriso, ed è proprio per questo che lo apprezzo tanto".

I riconoscimenti e le presenze in tv incominciano a moltiplicarsi, dalla fine degli anni Novanta. Salvatore ama concorrere ai primati e con tre sue specialità accede al Guiness: nel 1997 il babà più lungo del mondo, di oltre tre metri, presentato a Piano di Sorrento; la torta più grande del mondo nel 1999 a Roma per l'anniversario della nascita di Alfred Hitchcock; infine la più grande Delizia della solidarietà nel 2001 per la manifestazione "30 ore per la vita".

Salvatore De Riso PASTICCERIA

Fioccano anche i premi: per il Dolce d'Amalfi, medaglia d'oro dall'Accademia nel 1998; per il miglior panettone gastronomico a Vicenza nello stesso anno; per il miglior cioccolatino nel 2003 a Bologna; per la torta Ricotta e pere nel 2004 all'Expo dei Sapori di Milano; nel 2006 il riconoscimento arriva dal Golosario di Paolo Massobrio; nel 2007 a Siena gli viene consegnata l'Ampolla d'oro dell'Enoteca Italiana e dell'Associazione Nazionale Città dell'Olio, per la CremDeRì; e tanti altri ancora.

Medaglie, articoli, fotografie con personaggi famosi fanno bella mostra sulle pareti della pasticceria di Minori. E in laboratorio a Tramonti vi è la raccolta delle registrazioni di trasmissioni tv: la prima nel 1994, come pasticcere in rappresentanza della Costiera, ne "I fatti vostri". Poi passa a "La vecchia fattoria" e fa varie apparizioni a "UnoMattina". E nel 2005 arriva il contratto con "La prova del cuoco", il fortunato programma televisivo condotto da Antonella Clerici: Salvatore conquista il sabato mattina uno spazio tutto suo per presentare le sue dolci creazioni.

Salvatore con sua moglie Anna.

Ma la vita di Salvatore non è cambiata molto: "Non mi sono certo montato la testa, per carità. Mi fa piacere spiegare alle famiglie italiane le mie ricette e se mi mandano delle e-mail cerco di avere un po' di tempo, anche grazie all'aiuto di mia moglie Anna, per dare loro una risposta". Nelle lettere che riceve gli aggettivi si sprecano: le torte sono "commoventi", le ricette lasciano "sbalorditi", c'è persino chi, come Maria Nunzia, scrive: "Le mie amiche hanno come idolo chi un cantante, chi un attore, ma il mio idolo siete voi", in quanto resto "esterrefatta dal gustare anche solo con gli occhi le sue meraviglie".

Anna De Nunzio è sua moglie. Romana, ha lasciato nel cassetto la sua laurea in ostetricia per stare accanto a Salvatore che ha per lei una sorta di venerazione. È lo stesso Salvatore a raccontare, ancora emozionato, il loro primo incontro: "Anna arrivò sulla spiaggia di Minori alle 14 di un giorno d'agosto del 1998, in vacanza con un'amica. Io ero in pausa sul lungomare e subito ne fui colpito. Fu il classico colpo di fulmine e la sera stessa la invitai a fare una passeggiata a Positano. Un anno dopo, il 18 settembre del 1999, ci siamo sposati. E il 15 agosto del 2001 è nata Anastasia, mentre il 23 febbraio 2006 è arrivato Antonio, il secondogenito. Il primo dolce che le feci assaggiare fu la Delizia al limone, mentre quello che lei mi ha ispirato è la Ricotta e pere. Da allora, lei è diventata la mia dolce 'musa', ma anche la più severa critica delle mie specialità, che prova sempre per prima".

Dopo essere andato a Montecarlo con Alfonso Iaccarino, il patron del Don Alfonso 1890 di Sant'Agata sui due golfi, il ristorante più famoso della Costiera, per presentare alla principessa Carolina di Monaco il suo Babà di Carolina, un altro incontro è rimasto impresso nella memoria di Salvatore: quello con Papa Giovanni Paolo II sul sagrato di San Pietro, per il Giubileo. Dopo una durissima selezione nazionale, Gino Fabbri da Bologna e Salvatore De Riso da Minori, entrambi dell'Accademia Maestri Pasticceri

Italiani, furono incaricati di preparare un dolce per il Santo Padre. E Salvatore portò il suo Oro Puro. Ma il ricordo è vivo ed emozionante anche perché è legato a un episodio della sua vita privata: "Stavo preparandomi per andare a Roma, quando mia moglie mi portò un pacchetto con un regalo e me lo lasciò in laboratorio. Le dissi: 'Anna, grazie, ma sono un po' di fretta, sto partendo per andare dal Papa'. Lei replicò, con un sorriso: 'Forse è meglio se lo apri ora'. Così feci e dentro trovai un biberon.

Salvatore con i suoi due figli, Antonio e Anastasia, alle prese con farina e mattarello.

Capii che era il suo modo per dirmi che era incinta, in attesa di Anastasia. Il giorno dopo, quando ero inginocchiato davanti al Pontefice, lui mi fece parlare e allora gli dissi: 'Santità, diventerò padre'. Lui mi sorrise e benedì mia figlia in arrivo. Non posso dimenticare quel momento".

La moglie Anna, i figli Anastasia e Antonio: la "A" è entrata nella vita di Salvatore De Riso e non ne è più uscita. È la stessa "A" della sua Alta Pasticceria, frutto della sua solare creatività, tutta da gustare.

C. V. P.

I prodotti bandiera

PRODOTTO BANDIERA

IL LIMONE SFUSATO DI AMALFI

Agrume originario dell'India, probabilmente arrivò in Italia con le invasioni arabe tra il IX e l'XI secolo. Il limone per la Costiera Amalfitana non rappresenta un semplice frutto: è un elemento costitutivo del paesaggio da tre secoli, è parte dell'architettura rurale, aiuta alla conservazione dell'ambiente e costituisce uno dei pilastri dell'economia locale. Di forma allungata, prende il nome di "sfusato", ma il suo *cultivar* originario è il "Femminello Comune". Il limone è un ingrediente prezioso nella pasticceria, perché ne vengono usate tutte le sue parti: scorza, succo, polpa. Lo dimostrano le ricette di Salvatore De Riso. Dal 2001 è entrato a far parte delle Igp, cioè delle Indicazioni geografiche protette, con il nome di "limone Costa d'Amalfi".

L'organizzazione internazionale Slow Food ne ha fatto uno dei suoi Presìdi, in collaborazione con il Consorzio di tutela, per sostenere la limonicoltura amalfitana che deve affrontare gli elevati costi di produzione e la difficoltà a trovare manodopera. Infatti, viene coltivato in terrazzamenti sulle colline che si affacciano sul mare e la raccolta si effettua solo a mano: le piante sono protette dal freddo e dalla grandine con grandi teli neri e per irrigarle occorrono canalizzazioni delle acque che aiutano a salvare il territorio dall'erosione. Le qualità della polpa e della buccia rendono il limone sfusato un prodotto unico, adatto per bibite, liquori, gelati e per aromatizzare torte, creme e biscotti.

L'ARANCIA

L'arancio è una pianta tipica del Mediterraneo, dove si espanse probabilmente intorno al 1100 d.C. Nel XVIII e XIX secolo la sua coltura cominciò ad assumere una certa rilevanza per l'agricoltura in Sicilia e in Campania, dove oggi interessa circa 3900 ettari. Le varietà di arance sono classificate in bionde e sanguigne: queste ultime sono quelle maggiormente coltivate in Italia, nelle qualità con il marchio Igp "arancia Rossa di Sicilia" e "arancia del Gargano". In pasticceria l'arancia è sfruttata in tutte le sue parti e si declina in torte con ripieno, pasticcini mignon, scorzette candite, bavaresi di ogni tipo ma anche in classiche preparazioni complementari: liquori a base di arancia, glasse e gelatine usate per decorare dessert. Naturalmente Salvatore ama molto l'arancia per il suo profumo e il suo colore, che gli ricordano il sole, come i limoni, e con essa ha elaborato alcune ricette per questo libro.

IL MANDARINO

Budini, bavaresi, soufflè e mousse al mandarino sono tra i classici della pasticceria mediterranea. Dalla scorza si ricavano le essenze per i liquori, mentre le marmellate e il succo sono usati in molti dessert. Agrume originario della Cina, in Italia la produzione del mandarino si concentra in Campania, Calabria e Sicilia. Viene raccolto da novembre a gennaio ed è apprezzato per la buccia sottile e per la buona succosità e dolcezza. Il suo profumo intenso e il suo gusto delicato donano una nota aromatica a ogni dolce, come ben sa Salvatore, che lo interpreta nella confettura di agrumi, nel ripieno del suo Oro Puro e in un goloso bicchierino.

LA MELANNURCA

Coltivata in oltre 250 varietà, la mela è uno dei frutti più diffusi al mondo: soda e croccante è l'ingrediente principe dei più semplici dolci casalinghi, ma anche di dessert famosi, come lo strudel, il clafoutis, la apple pie e la tarte Tatin. La "Melannurca campana" ha ottenuto il riconoscimento Igp nel 2006 ed è coltivata in provincia di Avellino, Benevento, Caserta, Napoli e Salerno. La Annurca è considerata la "regina delle mele" per la sua polpa bianca gradevolmente acidulosa e succosa, per la forma appiattita-rotondeggiante e la dimensione non troppo grande, e per il colore rosso che assume nei melai una volta staccata dall'albero. Alcuni studi hanno dimostrato che può prevenire i danni ossidativi dell'apparato gastrico e ha un alto contenuto di vitamine e minerali, oltre a essere ricca di fibre. Oggi il disciplinare di produzione prevede due ecotipi: l'Annurca classica e la sua discendente Annurca Rossa del Sud, che ha la caratteristica di produrre frutti a buccia rossa già sulla pianta. La produzione nei 137 Comuni vocati è oggi piuttosto alta, con 60 mila tonnellate annue, e viene impiegata per realizzare ottimi succhi, liquori e dolci tipici. Salvatore ce la propone nella crostata di Nonna Carmela, nei calzoncelli ripieni, nei tortelli alla frutta o per completare alcuni dolci.

LA PERA PENNATA DI AGEROLA

William, Kaiser, Guyot, Abate, Decana: sono tante le varietà di questo frutto, del quale l'Italia rimane il maggior produttore al mondo. La pera ha origini molto antiche, un basso apporto calorico, è dolce e succosa ma è difficile da usare in pasticceria per la sua polpa fondente, poco compatta, e per la rapida ossidazione alla quale va incontro, annerendosi. La "pera pennata" di Agerola, che cresce sulle colline terrazzate intorno a questo piccolo centro di 20 mila abitanti in provincia di Napoli ma da sempre legato alla Repubblica di Amalfi, ha un colore verde scuro e una forma rotondeggiante simile alla melannurca, con un sapore pastoso e dolce. La pianta è forte e in genere viene messa a dimora in piccoli appezzamenti di frutteti familiari e produce i suoi frutti nel periodo di agosto-settembre. Grazie ai suoi acidi organici, malico e citrico, si accosta perfettamente con i formaggi, come ci dimostra Salvatore con la sua "creatura" per eccellenza, la torta Ricotta e pera, ormai famosa in tutta Italia.

LA FRAGOLA

Molto delicate, le fragole sono impiegate nei dessert freschissime e devono essere manipolate il meno possibile. Danno un tocco di colore su ogni dolce, come decorazione, e vengono impiegate dalla pasticceria classica negli *entremets* freddi, come la charlotte, oppure in salse per guarnire. Il frutto è conosciuto fin dai tempi dei romani e dei greci e si presenta sul mercato in tantissime varietà. La Campania, insieme a Emilia-Romagna, Veneto e Piemonte, è una delle regioni di maggior produzione e le specie più diffuse sono: "Camarosa", "Candonga", "Vantana", "Gorella" (dalla forma conico-allungata), "Aliso" e "Belrubi" (di ottima qualità). Un nome più esotico è la "Pocahontas", dalla forma rotonda. Ricche di vitamina C, Salvatore le usa per alcuni dei suoi bicchierini.

LA NOCCIOLA DI GIFFONI

Intera, tritata, in granella, trasformata in pasta, ridotta in polvere: la nocciola è uno degli ingredienti più usati in pasticceria e confetteria. Se la forma è allungata, viene considerata meno pregiata di quella tonda. Se la più famosa è la "tonda gentile delle Langhe", dalla quale ebbe origine il gianduiotto, dalla *cultivar* "tonda di Giffoni" deriva la tonda di Giffoni, riconosciuta con Indicazione geografica protetta. Il nocciolo, nome scientifico *Corylus avellana*, è una pianta antichissima, probabilmente di origine asiatica, che viene da sempre considerata un simbolo di fertilità. Già Columella, autore del *De re rustica* nel I secolo d.C., descriveva questi frutti come "Avellane" e poi anche Plinio narrò della Valle del Picentino e dell'Irno dove oggi si produce la nocciola di Giffoni Igp, dalla forma perfettamente rotondeggiante, dalla polpa bianca, dal sapore aromatico e dolce e dalla pellicola interna particolarmente sottile. Consigliata per limitare il colesterolo, coltivata in un'area di dodici Comuni in circa 1200 aziende, attorno alla nocciola Giffonese si sono costruite sagre, piccole e grandi festività, dolci tipici come "la croccante" e i "calzoncelli" e usanze care ai bambini, come le collane con nocciole abbrustolite. Recentemente è stato istituito il premio "Nocciola d'oro", assegnato dal Consorzio Giffoni Sei Casali a personaggi che hanno contribuito alla diffusione della cultura e delle tradizioni di questo frutto. A Salvatore nel 2006 è stata conferita la carica di socio onorario del "Club Amici della Città della Nocciola" per la Torta Giffonese e il 12 dicembre 2007 ha ricevuto la cittadinanza onoraria per aver divulgato attraverso i suoi dolci le nocciole di Giffoni, in particolar modo con la sua Ricotta e pere.

LA NOCE DI SORRENTO

Gli scavi a Pompei hanno dimostrato un'antica presenza del noce in Campania, pianta dal legno pregiato e dal frutto con significati propiziatori: la si lanciava agli sposi come simbolo di fertilità. Fra le tantissime varietà che si conoscono nel mondo, la più pregiata è quella italiana denominata "la Sorrento", allungata e dal guscio liscio. Facile a rompersi, ha un gheriglio carnoso, non troppo oleoso e dal sapore molto gradevole e un colore bianco crema. Queste caratteristiche, che consentono di ottenere un seme integro, a differenza delle altre *cultivar*, la fanno molto apprezzare in pasticceria: la troviamo in croccanti e *nougat*, farcita di marzapane, caramellata, legata al cioccolato fondente. La Costiera Sorrentina è la zona di produzione maggiormente vocata e la raccolta si fa a settembre e ottobre. Salvatore De Riso ama molto questo frutto, lo usa per guarnire i suoi dolci o, per esempio, nella brioche salata presentata con la scamorza affumicata e la confettura di fragole e peperoni rossi. In tutta Italia le noci vengono impiegate per molte specialità salate rustiche e regionali.

LA MANDORLA

Fu il marzapane, arrivato in Sicilia tramite gli arabi nel XIII secolo, a cambiare la pasticceria europea: è una pasta a base di mandorle dolci, albume e zucchero. Nella cucina, e soprattutto nella pralineria e nella confetteria dei Paesi che si affacciano sul Mediterraneo, si fa un largo uso di questo frutto secco sia intero sia a lamelle, tritato, pralinato o in polvere. Per non parlare poi del dissetante "latte di mandorla" realizzato con acqua, mandorle dolci sbucciate e saccarosio. La mandorla dolce è una "drupa ovale", cioè un frutto secco a tre strati: il mallo verde, il guscio legnoso e la mandorla commestibile. Ricca di grassi (fino al 50%) e di proteine, contiene sali minerali: fosforo, calcio, ferro, rame, manganese. Ricoperta di zucchero diventa un confetto per rallegrare cerimonie: battesimi, matrimoni, nozze d'argento o d'oro. In Italia si producono oltre 100 mila tonnellate di mandorle l'anno, indirizzate soprattutto all'industria e agli artigiani dolciari, con punte di eccellenza in Puglia e in Sicilia, con la "mandorla pizzuta", scelta per i migliori confetti. Salvatore predilige quelle pugliesi per le sue seducenti creazioni, tra cui il Dolce d'Amalfi e la torta Anastasia.

LA MELANZANA

Frutto di una pianta orticola della famiglie delle Solanacee, come il pomodoro, questo tipo di verdura dalla raccolta estiva è molto diffuso nella cucina dell'Italia meridionale e mediterranea. Se la melanzana è di forma allungata, avrà un sapore più piccante, se di forma tonda e oblunga, più delicato. Tipica della Campania è la "Violetta lunga di Napoli", con frutti a forma di clava lunghi fino a 20 cm. L'etimologia di questo nome deriva dall'arabo *badingian*, al quale venne aggiunto il prefisso melo diventando poi "*melangian*". L'Artusi però, nel suo ricettario di fine Ottocento, usò il termine toscano di petonciano, ancora oggi indicato come sinonimo di melanzana e ammesso dall'Accademia della Crusca. In cucina le elaborazioni sono molteplici, ma l'accostamento con il cioccolato, che Salvatore adotta in alcune sue ricette, è di antica origine e tipico della Costiera. In Campania il termine dialettale è *malignane* o *mulignane*, e a Maiori la festa dell'Assunzione a ferragosto si celebra mangiando "*e' mulegnane c'a' ciucculata*".

PRODOTTO BANDIERA

IL POMODORO DI SAN MARZANO

Oggi ambasciatore della cucina italiana e mediterranea, il pomodoro arrivò in Europa dal Perù e dal Messico in era post-colombiana e per molto tempo fu semplice oggetto di curiosità esotica, considerato una sorta di frutto velenoso e al più ornamentale. Tra i primi a citarlo in cucina è il cuoco napoletano Vincenzo Corrado nel suo *Cuoco galante* del 1765. Il pomodoro San Marzano è legato in modo indissolubile a due piatti napoletani: la pizza Margherita e il ragù. A basso contenuto calorico, ricco di vitamine C e A, quello coltivato nell'Agro Sarnese-Nocerino ha ottenuto la Dop nel 1996 come pelato, mentre nei Comuni di Sant'Antonio Abate e Santa Maria La Carità, in provincia di Napoli, esiste il Presidio Slow Food che ne difende la tipicità dalle tante imitazioni, dopo aver piantato l'ecotipo "padre" e conservato dalla Regione Campania. L'autentico San Marzano si coltiva come la vite e si raccoglie in modo scalare, sette o otto volte da luglio a settembre: molto delicato, deve essere maneggiato con cura e appena raccolto viene pulito e sistemato in barattoli. Lo si fa cuocere un'ora, senza additivi. Salvatore lo propone in originali ricette come il barattolo Oro di San Marzano, oltre che in pizzette, vari *finger food* e una stuzzicante confettura.

IL FIORDILATTE

Formaggio a pasta filata molto utilizzato a tavola per preparare panini, insalate, pizze, si presenta di solito in "acqua di governo" in forme ovoidali o sferiche. Comunemente viene chiamata mozzarella, ma questo nome dovrebbe essere riservato soltanto a quella di bufala, protetta dalla Dop, mentre questa è di latte vaccino. Il fior di latte è una produzione tipica campana, super-controllata da Asl e Regione Campania, e viene realizzata sfruttando la prerogativa della cagliata di latte vaccino di filare se fatta inacidire immersa in acqua a 85-95 °C. Quindi si fa filare in acqua bollente (un procedimento che si può realizzare a mano o a macchina) e poi "mozzata", cioè tagliata secondo le pezzature richieste. Salvatore la presenta avvolta in foglie di limone in un semplicissimo e gustosissimo *finger food*, abbinata alla confettura di pomodori San Marzano e pistacchi di Bronte.

LA RICOTTA DI TRAMONTI

Molto sfruttata in pasticceria con lo zucchero per preparare creme e dessert deliziosi, tecnicamente la ricotta non è un formaggio ma un latticino, in quanto viene prodotta dal siero durante la lavorazione del formaggio vaccino e ovino: viene riscaldata a 85-90 °C per far affiorare albumine e grassi non passati. Il termine "ricotta" deriva da questo tipo di trattamento, perché il siero viene appunto "ricotto". È un prodotto che si deve mangiare fresco, in quanto non ha lunga conservazione. Si produce nei 13 borghi che danno vita alla comunità di Tramonti, sulla strada che da Maiori, sulla costa, porta fino al Valico di Chiunzi, nell'entroterra: a pochi chilometri dal mare, nelle colline di 300-400 metri di altezza, si trovano ancora una decina di casari che la confezionano secondo gli antichi metodi di produzione. La ricotta di Tramonti è di latte vaccino (anche se vi sono alcuni caseifici che ora lavorano il caprino) ed è molto conosciuta dagli intenditori, per le sue caratteristiche che la rendono particolarmente adatta per la preparazione di dolci. Il laboratorio di Salvatore si trova proprio a Tramonti e la sua inimitabile specialità è infatti la sua famosa Ricotta e pere.

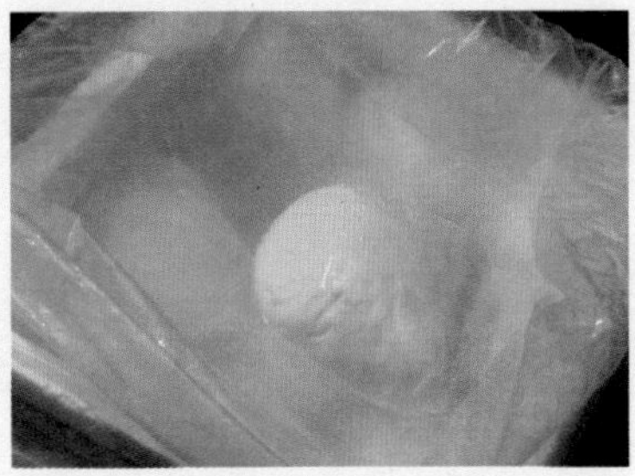

LA MOZZARELLA DI BUFALA

Quando un casaro "mozza" una pasta filata ottenuta dal latte di bufala, con il pollice e l'indice della mano, si compie il miracolo dell'autentica mozzarella di bufala Campana Dop, protetta dalla denominazione di origine, da un rigido disciplinare di produzione e da controlli attentissimi, vanto del "made in Italy" e interessa circa 370 caseifici in tutta la Campania. Occorrono più di 4 litri di latte di bufala per produrre un chilogrammo di mozzarella, dalla crosta sottile e dal colore bianco-porcellanato, dalla pasta leggermente elastica nelle prime 10 ore dal confezionamento e poi sempre più fondente. Nel disciplinare si indicano molte tipologie, oltre alle classiche forme tondeggianti: bocconcini, ciliegine, perline, ovolini e trecce. Due sono le regole fondamentali per un miglior consumo: ovviamente la freschezza e il marchio Dop in etichetta, e la conservazione non in frigorifero, perché basta l'acqua di governo. Quando la si deve cuocere, è meglio che abbia almeno 24 ore dalla produzione e la si affetti un po' di tempo prima dell'uso, in modo che il siero possa colare e asciugarsi. Salvatore la adora e nelle sue ricette troviamo ricotta e yogurt di latte di bufala nella Dolce passione e nelle Barchette di pasta brisée.

PRODOTTO BANDIERA

L'OLIO EXTRAVERGINE DI OLIVA DELLE COLLINE SALERNITANE

Tra le migliori qualità italiane ha ottenuto nel 1998 la Dop, cioè la Denominazione di origine protetta, l'olio extravergine di oliva "Colline Salernitane" che si ottiene dalla premitura di olive da varietà autoctone raccolte in 86 Comuni della provincia di Salerno. La produzione massima di olive non può superare i 120 quintali per ettaro e la resa in olio non deve andare oltre il 20%. In molte zone è ancora facile imbattersi in piante millenarie che condensano la storia delle popolazioni locali, a partire dai coloni della Magna Grecia. Oggi sono 11 i frantoi autorizzati a produrre questo olio extravergine molto particolare, dalla bassa acidità, corposo, gradevolmente amaro e piccante, con chiari sentori di vegetali come carciofo e cardo. Salvatore lo usa al posto del burro in molte sue specialità, come i bignè o la Caprese, ed è uno degli ingredienti principali della sua famosa CremDeRì, una crema di nocciole, cioccolato e olio extravergine di oliva Dop "Colline Salernitane", premiata nel 2007 dall'Enoteca Italiana di Siena per aver divulgato l'olio extravergine italiano nel mondo. Questo olio, nelle ricette di Salvatore, è una sorta di "firma" legata al territorio.

IL FICO BIANCO DEL CILENTO

Introdotto nel Cilento già prima del VI seolo a.C., il fico è sempre stato protagonista dell'economia e dall'alimentazione delle popolazioni locali, questo grazie all'abbondanza della produzione, che sembra aver trovato qui un luogo dalle condizioni climatiche ideali, e alla possibilità di conservazione attraverso l'essiccazione. La Denominazione geografica protetta "Fico Bianco del Cilento" è riferita proprio al prodotto essiccato, in particolare della *cultivar* "Dottato", pregiata varietà di fico la cui produzione coinvolge 68 Comuni a sud di Salerno. Un'area geografica che da sola fornisce circa 100.000 quintali di prodotto essiccato: una volta sbucciati manualmente, i fichi vengono stesi su graticci di legno posti in una galleria coperta con teli traspiranti, in modo che siano protetti dall'esposizione solare diretta. Qui restano circa 5 giorni, il tempo utile all'essiccazione che dovrà portare il prodotto ad avere non più del 25% di umidità. Salvatore usa questi dolcissimi frutti, freschi o secchi, nel Capriccio cilentano e nella sua Dolce passione.

Le mie creature

In una delle commedie più famose di Eduardo De Filippo, *Filumena Marturano*, il protagonista Domenico Soriano dice alla moglie Filumena, che si è appena fatta sposare con uno stratagemma, portandogli in dote tutte le sue creature: "'E figlie so' figlie... E so' tutte eguale... Hai ragione Filume', hai ragione tu!".
Anche per Salvatore si potrebbe dire che questa sezione di dolci, che ripercorre vent'anni di carriera con la giacca bianca, rappresenti le sue "creature". Si incomincia con i *Profiteroles al limone* del 1988 e si conclude con i *Bignè alla nocciola* del 2008: due classici della pasticceria nostrana resi moderni con i prodotti della sua Campania. Il tiramisù è forse il dessert più famoso che vi sia in Italia, quello che rappresenta il Belpaese agli occhi del mondo, e che Salvatore declina come si addice alla Costiera Amalfitana. E poi ci sono alcuni "figli" che gli ricordano incontri e momenti felici della sua vita: il *Babà Carolina* quando andò al palazzo dei Ranieri a Montecarlo; l'*Oro Puro* per il magico colloquio con Giovanni Paolo II. *Ricotta e pere, Anastasia, Tortantò* sono dedicati alla moglie Anna e ai suoi due figli. Quindi quando gustate uno di questi dolci, entrate nella vita e nella storia di Salvatore e della sua terra.

Mamma Carmela e la sua crostata

Mamma Carmela, la vera cuoca della famiglia e colei che in qualche modo ha ispirato Salvatore a diventare un grande pasticcere, ha sempre preparato con amore una golosa crostata con mandorle, melannurca e limone. Ecco come preparare questa delizia dall'inconfondibile profumo "minorese".

Innanzitutto preparate la confettura di melannurca e limone: con l'aiuto di un pelapatate, ricavate 50 grammi di sottili bucce di limone e tagliatele a julienne. Fatele cuocere a fuoco lento per 6 minuti in 50 g di acqua e 50 g di zucchero. Lasciate poi raffreddare a temperatura ambiente. Pelate degli spicchi di limone al vivo, eliminando la parte bianca, le pellicine e i semi, e pesatene 125 grammi. Sbucciate e riducete 500 grammi di melannurche a piccoli pezzi. In una pentola riunite tutti gli ingredienti con 300 grammi di zucchero. Fate cuocere fino a 104 °C e controllate con un rifrattometro che i gradi Brix siano 60. Versate la confettura ancora bollente in vasetti sterilizzati. Chiudete subito con il tappo e pastorizzate su una teglia in forno a 130 °C per 12 minuti.

Preparate poi la pasta frolla unendo in una ciotola 120 grammi di burro ammorbidito, 80 grammi di zucchero, 2 tuorli d'uovo, 2 grammi di sale, la scorza grattugiata di 1 limone Costa d'Amalfi e amalgamate bene gli ingredienti. A parte, miscelate 75 grammi di farina 00 setacciata con 50 grammi di mandorle dolci ridotte in polvere e poi incorporatele poco per volta all'impasto precedentemente preparato. Lasciate riposare in frigorifero per circa 30 minuti avvolto con pellicola trasparente.

Preparate infine il ripieno: montate per 3 minuti 100 grammi di burro morbido con 100 grammi di zucchero a velo, la polpa di mezzo baccello di vaniglia, la buccia grattugiata di un terzo di limone e 2 grammi di sale. Quindi incorporate 2 uova intere e aggiungete 100 grammi di mandorle dolci e 3 grammi di mandorle amare, entrambe

precedentemente ridotte in polvere sottile. Miscelate bene tutti gli ingredienti. Preparate infine la torta. Rivestite una tortiera di circa 22 cm di diametro e 2,5 cm di altezza con la pasta frolla e con una forchetta bucatene il fondo. Farcite con il ripieno alle mandorle e cuocete in forno preriscaldato a 170 °C per circa 40 minuti. Una volta cotta, estraete la crostata dal forno e lasciatela raffreddare. Per servirla toglietela dallo stampo adagiandola sopra un piatto da portata e stendete sulla superficie, con l'aiuto di una spatola, circa 250 g di confettura alla melannurca e limoni.

Un ricordo prezioso che Salvatore conserva gelosamente, la ricetta dello sciroppo di orzata scritta a mano dalla mamma, la signora Carmela, ritratta nella pagina precedente mentre si ripara dal solleone della Costiera.

Per preparare un chilo di sciroppo d'orzata.

Si prendano gr 150, di mandorle dolci e gr 15 di mandorle amare, si mettano in acqua bollente e raffreddate si sbucciano. Si mettono in un mortaio con 100 gr di zucchero e si pestano, quindi si faccia emulsione con 200 gr di acqua e si passano con un panno sottile strizzandolo bene. Rimettete nel mortaio la pasta asciutta rimasta nel panno macinatela ancora col pestello scioglietela con altri 200 gr di acqua e passatene il sugo, si mescolano le due emulsione si aggiungano gr 700 di zucchero, mettete tutto in una cassarola sul fuoco agitando, quando si è sciolto lo zucchero farlo uscire in ebollizione si toglie dal fuoco e si fa raffreddare.

1988

INGREDIENTI PER 6 PERSONE

Per i bignè
140 g di acqua
140 g di burro
140 g di farina
280 g di uova intere (n. 6)
3 g di sale

Per la crema al limone
40 g di tuorlo d'uovo (n. 2)
40 g di zucchero
40 g di burro
60 g di succo di limone filtrato

Per la crema pasticcera profumata al limone
280 g di latte fresco intero
120 g di panna fresca liquida 35% M.G.
140 g di tuorlo d'uovo (n. 7)
120 g di zucchero
32 g di amido di mais
2 g di sale
3 limoni
½ baccello di vaniglia

Per farcire i bignè e finire il dolce
150 g di panna liquida da montare
50 g di limoncello
15 g di zucchero
60 g di latte fresco intero

PROFITEROLES AL LIMONE

Preparate i bignè. In un tegame portate a ebollizione l'acqua con il burro e il sale. Aggiungete la farina setacciata e cuocete per qualche minuto a fuoco lento, rimestando con un cucchiaio di legno. Lasciate intiepidire il composto ottenuto in un'ampia terrina, poi incorporate tutte le uova in un colpo solo e amalgamate con le fruste elettriche fino a ottenere una pasta liscia e omogenea. Con l'ausilio di una tasca da pasticcere dotata di bocchetta liscia da circa 1 cm, formate dei bignè grandi quanto una noce, sopra un foglio di carta da forno, o direttamente sulla placca. Infornate a 190 °C per 25 minuti circa finché non vedrete i bignè gonfi e ben dorati. Lasciate raffreddare.

Per la crema al limone. Grattugiate la buccia di limone e ponetela in infusione nel succo del limone spremuto e filtrato per circa 20 minuti. In una casseruola, con una frusta, mescolate i tuorli con lo zucchero, poi stemperate 60 g di succo di limone precedentemente filtrato. Mescolando, ponete a fiamma dolce e cuocete a 80 °C per 1 minuto. Per bloccarne la cottura e fare raffreddare più rapidamente la crema, trasferite velocemente la casseruola in un bagnomaria d'acqua fredda continuando a rimestare. Quindi raffinate la crema con un mixer a immersione per qualche secondo: finché non risulterà liscia e vellutata. Lasciate raffreddare fino a 50 °C e poi inserite il burro a pezzetti ed emulsionate ancora con il mixer. Coprite la crema con un foglio di pellicola trasparente da cucina e ponete in frigorifero a +4 °C.

Per la crema pasticcera al limone. In un tegame versate il latte e la panna, unite la scorza dei 3 limoni e lentamente portate a ebollizione. Togliete dal fornello e lasciate in infusione per circa 1 ora. Incidete longitudinalmente a metà il baccello di vaniglia e con il dorso del coltellino ricavatene la polpa formata da semini neri. A parte, mescolate i tuorli con lo zucchero, i semini di vaniglia, l'amido di mais e il sale. Filtrate il latte e rimestando versatelo sul composto di tuorli. Ponete su fuoco basso e portate a cottura fino a circa 82 °C per 1 minuto. Colate subito la crema pasticcera in una teglia di acciaio o di vetro e ricopritela con pellicola trasparente posta a diretto contatto con la sua superficie. Raffreddate in freezer per almeno 20 minuti e poi conservate in frigorifero a +4 °C.

Per la composizione del profiteroles. Unite la crema al limone con la crema pasticcera. Aggiungete 50 g di limoncello e 50 g di panna montata con 5 g di zucchero. Amalgamate bene e con il composto ottenuto farcite i bignè con l'aiuto di una tasca da pasticcere. Alla crema rimasta aggiungete 100 g di panna montata con 10 g di zucchero. Miscelate bene e poi diluite con 50-60 g di latte fresco, aggiungendolo poco per volta e facendo in modo che la crema diventi una glassa densa. A questo punto, ricoprite i bignè immergendoli, uno per volta, nella glassa. Adagiateli in una pirofila rettangolare di vetro o ceramica. Decorate i profiteroles con una grattugiata di scorza di limone fresco. Lasciate il dessert in frigorifero a +4 °C fino al momento di servire.

Il consiglio di Salvatore

È importante far raffreddare bene e velocemente la crema per evitare la formazione di cariche batteriche, in modo che il dolce possa poi essere conservato il più a lungo possibile.

Salvatore e suo zio Giovanni
al rientro dalla raccolta
dei limoni sfusati
nelle splendide terrazze
che si affacciano su Amalfi.

1989

INGREDIENTI PER 6 PERSONE

Per il pan di Spagna
150 g di uova intere (n. 3)
90 g di zucchero
40 g di farina
25 g di fecola
25 g di mandorle dolci pelate
½ limone Costa d'Amalfi
½ baccello di vaniglia
1 pizzico di sale

Per la crema al limone
40 g di tuorlo d'uovo (n. 2)
40 g di zucchero
40 g di succo di limone Costa d'Amalfi
40 g di burro

Per la crema pasticcera al limone
180 g di latte fresco intero
80 g di panna liquida
80 g di tuorlo d'uovo (n. 4)
60 g di zucchero
15 g di amido di mais
1 pizzico di sale
1 limone Costa d'Amalfi
⅓ di baccello di vaniglia

Per la bagna al limoncello
30 g di acqua
30 g di zucchero
50 g di limoncello "Paesaggi" Sal De Riso
½ limone Costa d'Amalfi

Per la farcitura
110 g di panna montata zuccherata
60 g di latte fresco intero
30 g di limoncello

DELIZIE AL LIMONE

Preparate il pan di Spagna. Rompete le uova e separate i tuorli dagli albumi. In un'ampia terrina ponete i tuorli, 40 g di zucchero, la scorza grattugiata di limone e i semini di vaniglia: sbattete con le fruste elettriche finché otterrete un impasto chiaro e spumoso. A parte, montate gli albumi a neve con un pizzico di sale e lo zucchero rimasto. In una scodella setacciate insieme la farina con la fecola e poi unite le mandorle precedentemente frullate e rese in polvere. Con una paletta amalgamate delicatamente i tuorli sbattuti con gli albumi montati e poi aggiungete, poco per volta, la miscela di farine e mandorle. Colate il composto in semisfere di alluminio di 7 cm di diametro precedentemente imburrate e infarinate. Cuocete per 15 minuti in forno già caldo a 170 °C.

Per la crema al limone. Lavate e asciugate i limoni: grattugiatene la scorza e poi spremetene il succo. Mettete la scorza grattugiata in infusione nel succo per circa 20 minuti. In un pentolino, con una frusta, sbattete i tuorli con lo zucchero, poi diluitevi 30 g di succo di limone. Ponete a fuoco minimo e sempre mescolando con un cucchiaio di legno cuocete fino a 80 °C. Sempre rimestando togliete subito dal fuoco e per far raffreddare la crema, bloccatene la cottura, immergendo il pentolino in un bagnomaria di acqua fredda. Quindi con un mixer a immersione, azionato per circa 1 minuto, rendete la crema liscia e vellutata. Lasciate raffreddare fino a circa 50 °C. Incorporate il burro tagliato a pezzetti ed emulsionate ancora con il mixer a immersione. Coprite la crema con un foglio di pellicola trasparente da cucina e conservate in frigorifero a +4 °C.

Per la crema pasticcera al limone. Riunite in un tegame il latte, la panna e le scorze di limone: portate appena a ebollizione, spegnete e lasciate in infusione per 1 ora. In un altro tegame, amalgamate con una frusta i tuorli con lo zucchero, i semini di vaniglia, l'amido e il sale. Gradualmente, sempre mescolando, incorporate il latte dopo averlo filtrato. Cuocete fino a 82 °C per circa 1 minuto. Immediatamente versate la crema in una teglia di acciaio o di vetro e ricopritene la superficie con pellicola trasparente. Riponete in freezer per 20 minuti e poi conservate in frigorifero a +4 °C.

Per la bagna al limoncello. In una piccola casseruola stemperate lo zucchero nell'acqua profumata con la scorza di limone. A fuoco basso portate a bollore per 1 minuto; spegnete e lasciate raffreddare. Infine unite il limoncello.

Per comporre il dolce. Amalgamate la crema al limone ben fredda con la crema pasticcera. Aggiungete 30 g di limoncello e 30 g di panna montata zuccherata. Mescolate bene tutti gli ingredienti e con l'ausilio di un sac-à-poche farcite internamente le cupole di pan di Spagna, bucandole dalla parte inferiore. Alla crema avanzata dopo la farcitura incorporate con delicatezza 80 g di panna montata zuccherata e poi diluite con 30-40 g di latte fresco, trasformando così la crema in una glassa densa. Ora sistemate le delizie su un piatto da portata con i bordi rialzati e con un mestolino ricopritele di glassa. Decorate le delizie con un ciuffo di panna montata e del limone grattugiato. Lasciatele in frigorifero a +4 °C fino al momento di servire.

Il consiglio di Salvatore

Per creare delle perfette delizie di pan di Spagna potete utilizzare anche stampi in silicone rettangolari composti da sei semisfere di 7 cm di diametro. E mi raccomando, abbiate sempre l'accortezza, prima di infornare, di riempire con l'impasto solo tre quarti di ogni semisfera perché il dolce si svilupperà durante la cottura. Inoltre vi consiglio di regolarvi a piacere con il quantitativo di latte che serve per diluire la glassa se questa risultasse troppo densa.

Un angolo dei terrazzamenti di Luigi Aceto che si affacciano su Amalfi, in lontananza. Un luogo incredibile da cui si domina tutto il golfo, baciato dal sole e cullato dal vento di mare.

Papà Antonio e la sua granita

Papà Antonio è nato il 9 dicembre del 1930. A quei tempi per sopravvivere in Costiera Amalfitana era richiesta una buona dose di fatica sui terrazzi di limoni, accompagnata dal calore, dal sudore e dallo sforzo fisico. Figlio di contadini con tre fratelli e quattro sorelle, Antonio De Riso capì che sarebbe stato meglio per lui andare la mattina a scuola e il pomeriggio aiutare zia Lillina nel suo "baricino" di 22 metri quadri, servendo bevande fresche preparate con quel ben di Dio, **i limoni, maturati nei "giardini" coltivati dal padre**.
E così, con un contenitore in legno posto dentro un secchio di alluminio pieno di ghiaccio e sale, imparò a preparare la granita. **La sua ricetta è sempre la stessa, da più di sessant'anni**, racconta papà Antonio: "400 grammi di zucchero, 400 grammi di succo di limone e 2,5 litri di acqua gelata. **Ma il segreto è la scorza del limone**, ricca di profumo e di uno spirito, come chiamavamo noi l'olio essenziale, che nessun altro prodotto ha. E così, con un pezzo di vetro, allora si raschiava quella buccia ben pulita e si faceva l'infusione da mettere in ghiacciaia". A Minori si diceva: "Andiamo da Lillina a prendere la granita". Poi la voce si sparse e lo si incominciò a dire in tutto il tratto di mare che va da Vietri a Positano.

Papà Antonio, circondato di bambini, assapora la deliziosa e rinfrescante granita di Antonio di Lieto che, nei mesi estivi, a bordo della sua Ape, distribuisce ristoro tra il valico di Chiunzi e Minori.

1990

INGREDIENTI PER 6 PERSONE

Per i savoiardi
50 g di uova intere (n. 1)
60 g di tuorlo d'uovo (n. 3)
90 g di albume d'uovo (n. 3)
100 g di zucchero
10 g di miele millefiori
70 g di farina 00
20 g di fecola di patate
½ limone Costa d'Amalfi

Per il mascarpone casalingo
350 g di panna liquida fresca
5 gocce di acido citrico diluito al 50% in acqua

Per la crema al limone
40 g di tuorlo d'uovo (n. 2)
40 g di zucchero
40 g di succo di limone
40 g di burro

Per la crema di mascarpone al limone
350 g di mascarpone
160 g di crema al limone
300 g di panna semimontata zuccherata
20 g di limoncello "Paesaggi" Sal De Riso
12 g di gelatina in fogli
60 g di tuorlo d'uovo (n. 3)
80 g di zucchero
60 g di acqua
2 limoni

Per la bagna al limoncello
40 g di acqua
40 g di zucchero
80 g di limoncello "Paesaggi"
1 limone Costa d'Amalfi

TIRAMISÙ AL LIMONE

Preparate i savoiardi. In una ciotola sbattete per circa 5 minuti, con le fruste elettriche, l'uovo intero, i tuorli, 50 g di zucchero, la scorza grattugiata di limone e il miele fino a ottenere un composto ben spumoso. A parte, montate a neve ferma gli albumi con il restante zucchero e qualche goccia di succo di limone. Su un foglio di carta da forno setacciate la farina e la fecola: a piccole dosi incorporatele delicatamente allo sbattuto di tuorli. Poi unite gli albumi con una paletta, mescolando lentamente dal basso verso l'alto affinché non si smontino. Versate il composto in una tasca da pasticcere con una bocchetta liscia media e formate su una placca, rivestita di carta da forno, dei bastoncini lunghi circa 6 cm. Cospargeteli di zucchero e cuoceteli in forno a 220 °C per 8 minuti.

Per preparare la diluizione in acqua di acido citrico (che potete acquistare in farmacia), versate 20 g di acqua bollente in un bicchiere e scioglietevi 20 g di acido citrico (questa soluzione è possibile conservarla a temperatura ambiente in un barattolo chiuso per molti mesi). Con questa base potete preparare il mascarpone: scaldate in un pentolino la panna e ritiratela dal fuoco al primo bollore e, dopo circa 5 minuti, aggiungete le 5 gocce di acido citrico diluito. Lasciate a temperatura ambiente per 30-40 minuti. Versate in un recipiente di vetro o di ceramica pulito e asciutto, lasciando poi in frigorifero per almeno 12 ore: otterrete così un mascarpone freschissimo.

Per la crema al limone. Grattugiate la buccia di limone e lasciatela in infusione nel suo succo: filtratelo dopo circa 20 minuti. In un tegame sbattete con una frusta i tuorli con lo zucchero, stemperate 60 g di succo di limone filtrato e cuocete a 80 °C per 1 minuto. Raffreddate velocemente immergendo il tegame in un bagnomaria di acqua fredda. Per ottenere una crema liscia e vellutata mixate per 2 minuti con un mixer a immersione. Quindi fate raffreddare fino a circa 50 °C, unite il burro a pezzetti ed emulsionate nuovamente. Ricoprite la crema con pellicola trasparente e conservate in frigorifero a +4 °C.

Per la crema di mascarpone al limone. Fate bollire per circa 5 minuti a fuoco lento l'acqua con le scorze dei limoni. Togliete dalla fiamma e lasciate scaricare l'aroma dei limoni nell'infuso fino a completo raffreddamento. Eliminate le scorze e unite lo zucchero. Ora pastorizzate i tuorli d'uovo, facendo bollire l'acqua con lo zucchero fino a 120 °C: poi, a filo, versatela sui tuorli, montandoli con le fruste elettriche finché saranno gonfi e spumosi. Lasciate raffreddare. A parte, in una terrina incorporate al mascarpone, con un cucchiaio di legno e con movimenti delicati, la crema al limone precedentemente preparata, quindi la panna semimontata zuccherata, il limoncello e infine la gelatina sciolta e ben calda fatta in precedenza reidratare per alcuni minuti in acqua fredda. Amalgamate bene tutti gli ingredienti e da ultimi unite i tuorli montati.

Per la bagna al limoncello. Portate a ebollizione l'acqua con lo zucchero e la scorza di limone per 1 minuto. Lasciate raffreddare e poi diluite il liquore.

Preparate il tiramisù. Per comporre questo dolce utilizzate una fascia d'acciaio di forma rettangolare, 15 x 25 cm, e alta 5 cm collocata su un foglio di carta da forno disteso sopra un vassoio rettangolare. Dopo averli leggermente bagnati con "l'inzuppitura" al limoncello, disponete i savoiardi all'interno della fascia e ricopriteli con due terzi della crema di mascarpone al limone. Quindi mettete la crema rimasta in una tasca da pasticcere dotata di bocchetta liscia di diametro 1,5 cm e con essa create un decoro di tanti piccoli spuntoni sullo strato superiore del tiramisù. Ponete il dolce nel freezer per circa 3 ore. Estraetelo e sfilate la fascia d'acciaio, eventualmente riscaldandola con un phon. Togliete la carta da forno e disponete il tiramisù su un piatto da portata, mettete in frigorifero e, 1 minuto prima di servire, spolverate la superficie con zucchero a velo.

L'incantevole località Marmorata di Ravello
su cui si affaccia l'omonimo albergo,
ricavato dalla ristrutturazione di un'antica
cartiera della famiglia Camera d'Afflitto.

1997

INGREDIENTI PER 6 PERSONE

160 g di zucchero a velo
130 g di burro morbido
100 g di uova intere (n. 2) a temperatura ambiente
100 g di latte fresco intero a temperatura ambiente
100 g di mandorle pelate dolci
80 g di farina 00
50 g di fecola di patate
2 limoni Costa d'Amalfi
1 baccello di vaniglia
60 g di scorza di limone candita
5 g di lievito in polvere per dolci
2 g di sale

DOLCE D'AMALFI

Con le fruste elettriche, in una ciotola capiente, montate a crema il burro con lo zucchero per circa 5 minuti. Unite la scorza grattugiata dei limoni, il sale, la polpa di vaniglia e la scorza di limone candita finemente tritata. Poi incorporate le uova, una per volta, emulsionando con le fruste elettriche a velocità bassa. A parte, setacciate la farina con la fecola, il lievito e poi aggiungete le mandorle dopo averle ridotte quasi in polvere nel mixer. Al composto preparato amalgamate, poco a poco, il latte, alternandolo alla miscela di farine, lievito e mandorle. Versate l'impasto in uno stampo semisferico di 18 cm di diametro, precedentemente imburrato e infarinato con farina di mais. Infornate e cuocete a 160 °C per circa 60 minuti. Poi lasciate raffreddare, ma sformate la torta su un piatto di portata quando è ancora tiepida. Poco prima di servire, spolveratene la superficie con zucchero a velo.

Il consiglio di Salvatore

Per evitare che lo stampo si inclini durante la cottura, vi consiglio di creare una ciambella con della carta stagnola, di sistemarla in una teglia e di posizionarvi al centro lo stampo. Inoltre, per un risultato ottimale, ricordatevi che tutti gli ingredienti devono essere a temperatura ambiente.

INGREDIENTI PER 8-10 PERSONE

Per il pan di Spagna alle nocciole di Giffoni
65 g di zucchero
150 g di uova intere (n. 3)
90 g di nocciole di Giffoni intere e tostate
30 g di farina 00
50 g di burro fuso

Per la farcia di ricotta di Tramonti
400 g di ricotta di latte vaccino
150 g di panna montata
150 g di zucchero
1 baccello di vaniglia

Per la bagna alla pera
100 g di acqua
70 g di zucchero
50 g di distillato di pere

Per la farcia alle pere
175 g di pere pennate di Agerola (o pere Williams)
50 g di zucchero
10 g di distillato di pere
3 g di amido di mais
½ limone Costa d'Amalfi
olio extravergine d'oliva

TORTA RICOTTA E PERE

Preparate il pan di Spagna montando le uova con lo zucchero per circa 12-15 minuti fino a quadruplicarne il loro volume iniziale. In un frullatore macinate le nocciole di Giffoni insieme alla farina. In un piccolo tegame, a fuoco molto basso, fate fondere il burro, facendo attenzione a non riscaldarlo troppo. Quando le uova saranno ben gonfie, usando una paletta, incorporate delicatamente le nocciole e la farina miscelate. Infine unite il burro fuso. Stendete il composto dello spessore di 1 cm circa in due tortiere di 22 cm di diametro, precedentemente imburrate e infarinate. Infornate e cuocete a 180 °C per circa 10 minuti.

Per la farcia di ricotta, mantecate la ricotta con lo zucchero e la polpa di vaniglia, lavorandola con le fruste elettriche per circa 5 minuti. Incorporate alla crema ottenuta la panna montata ben soda.

Per la bagna alla pera, fate bollire l'acqua con lo zucchero per 30 secondi. Lasciate raffreddare e unite il distillato di pere.

Preparate la farcia alle pere. Sbucciate le pere e tagliatele a cubetti; unite lo zucchero e il succo di limone. Ponete in una padella antiaderente, versate un filo di olio extravergine d'oliva e fate cuocere a fuoco medio. Quando vedrete sul fondo della padella il succo delle pere, spolverate con l'amido di mais e fate cuocere ancora per 2 minuti. Aggiungete il distillato di pere, togliete dal fuoco e lasciatele raffreddare a temperatura ambiente.

Preparate la torta. Su un piatto da portata appoggiate un anello d'acciaio di 22 cm di diametro e 4,5 cm di altezza: al suo interno adagiate un disco di pan di Spagna e inzuppatelo con la bagna alla pera. Farcite con tutta la crema di ricotta e incorporate i cubetti di pera cotti. Adagiate l'altro disco di pan di Spagna, bagnatelo con la bagna alla pera e ponete il dolce in freezer a rassodarsi per 2 ore. Trascorso questo tempo, sfilate l'anello d'acciaio riscaldandolo leggermente con un phon, e trasferite la torta in frigorifero fino al momento di servirla. Prima di portarla in tavola cospargetela abbondantemente di zucchero a velo e decorate con una pera sciroppata.

Il consiglio di Salvatore

L'abbattimento di temperatura può essere sia sopra zero, a +4 °C nel frigorifero, sia sotto zero, a -18 °C, in congelatore. Quando preparo i miei dolci utilizzo sempre questa tecnica di raffreddamento, che consente di evitare l'uso di conservanti chimici: potete adottare questo sistema anche voi a casa vostra.

Luigi Aceto:
anche i gesti aiutano a trasmettere
la sua passione nel raccontare.

1999

INGREDIENTI PER 6-8 PERSONE

Per il babà
200 g di farina 00 forte (ricca di glutine)
110 g di burro morbido
25 g di miele d'acacia
5 g di sale
10 g di lievito di birra
1 limone Costa d'Amalfi
⅓ di baccello di vaniglia
300 g di uova intere (n. 6)
20 g di latte fresco intero

Per la bagna al limoncello
300 g di acqua
220 g di liquore limoncello amalfitano
150 g di zucchero
1 limone Costa d'Amalfi
1 rametto di finocchietto selvatico

BABÀ DI CAROLINA

Preparate il babà. In un bicchiere sciogliete il lievito nel latte. Su una spianatoia disponete la farina a fontana, al centro create una fossetta e introducete il miele, il sale, il lievito, la polpa di vaniglia e la scorza grattugiata del limone. Mescolate con una forchetta, formando una pastella a cui andrete a incorporare, uno per volta, le uova e gradualmente, a cucchiaiate, la farina. Quando questa sarà completamente assorbita aggiungete il burro morbido e impastate per circa 10 minuti. L'impasto dovrà risultare elastico, liscio e omogeneo: versatelo in stampini di alluminio a corona circolare (tipo per savarin) o cilindrici (tipo a bicchiere) precedentemente imburrati, riempiendoli poco più della metà. Lasciate lievitare a temperatura ambiente (meglio a 25 °C) fino all'orlo dello stampo. Infornate a 200 °C per 12-15 minuti. Quando il babà avrà un bel colore dorato, sfornatelo e fatelo raffreddare nel suo stampo.

Per la bagna al limoncello. In un tegame largo fate bollire l'acqua con lo zucchero, le scorzette di limone e il rametto di finocchietto per circa 1 minuto. Lasciate intiepidire e aggiungete il limoncello.

Per servire, riscaldate la bagna fino a 35 °C e immergetevi i babà ancora caldi, capovolgendoli di tanto in tanto. Dopo circa 20 minuti, toglieteli dallo sciroppo e fateli scolare sopra una griglia. Intanto preparate la salsa al limoncello, addensando la bagna rimasta con 3 g di amido di mais (per ogni 100 g di liquore). Versate due-tre cucchiai su ogni piattino da dessert, velate a specchio, adagiatevi il babà decorato con ribes rosso e a fianco deponete una quenelle di gelato alla crema di limone in un mezzo limoncino candito.

Il consiglio di Salvatore

È importante usare una farina forte perché, con l'aggiunta dei liquidi, si formerà il glutine che dà elasticità e omogeneità all'impasto.

INGREDIENTI PER 6 PERSONE

Per la pasta frolla
60 g di burro morbido
40 g di zucchero
20 g di tuorlo d'uovo (n. 1)
1 g di sale
½ baccello di vaniglia
scorza grattugiata di ½ limone Costa d'Amalfi
75 g di farina
25 g di fecola di patate

Per la crema alla pastiera napoletana
150 g di ricotta di latte vaccino
150 g di grano cotto
160 g di zucchero
80 g di arancia candita a cubetti
150 g di panna montata
2 gocce di fiori d'arancio
5 g di gelatina in fogli
80 g di tuorlo d'uovo (n. 4)
50 g di acqua

Per le arance semicandite
150 g di fette sottili di arance
150 g di zucchero

SOFFIATO DI PASTIERA

Preparate la pasta frolla. In una ciotola formate una pastella amalgamando tutti gli ingredienti tranne la farina e la fecola. Poi incorporatele poco per volta dopo averle setacciate. Impastate bene. Se invece avete un robot da cucina inserite tutti gli ingredienti e azionatelo per circa 1 minuto. Raccogliete l'impasto e lasciatelo riposare in frigorifero per circa 30 minuti, ricoperto con pellicola trasparente.

Per la crema alla pastiera napoletana, fate cuocere 80 g di zucchero in acqua fino a 120 °C. Versate questo sciroppo bollente sui 4 tuorli e montateli con le fruste elettriche fino a quadruplicarne il volume. A parte, in una ciotola abbastanza capiente, rendete a crema la ricotta con lo zucchero e il fior d'arancio, poi unite il grano cotto. Reidratate la gelatina in acqua fredda per 5 minuti, scioglietela a bagnomaria o in forno a microonde e, ancora calda, stemperatela nella crema di ricotta, mescolando velocemente. Quindi incorporate delicatamente con una spatola i cubetti d'arancia candita, la panna montata e infine i tuorli montati.

Per le arance semicandite, ponete in un pentolino le fette di arancia, aggiungete lo zucchero e fate cuocere a fuoco lento per circa 3 minuti. Lasciate raffreddare a temperatura ambiente.

Preparate la torta. Su un piano di lavoro, con un mattarello, tirate la pasta frolla a uno spessore di circa 5 mm: ritagliatene un anello d'acciaio di circa 18 cm di diametro, sistematelo su una placca ricoperta di carta da forno e infornate a 180 °C per 20 minuti. Ponete il disco di pasta frolla cotto e raffreddato in un cerchio d'acciaio da pasticcere di 20 cm di diametro. Riempite con la crema leggera alla pastiera napoletana e lisciate la superficie con l'aiuto di una spatola. Mettete il dolce in freezer per circa 3 ore. Quando la torta sarà ben fredda, glassate la superficie con lo sciroppo ottenuto dalle arance semicandite e decorate con le fettine d'arance. Ponete la torta su un piatto da portata e, con l'aiuto di un phon, riscaldate brevemente l'anello d'acciaio e sfilatelo dalla parte superiore. Il dolce va conservato e servito a una temperatura di +4 °C.

Il consiglio di Salvatore

Si può cuocere in casa il grano, ma, essendo un procedimento molto lungo, è preferibile acquistarlo già cotto. È bene usare sempre ricotta molto fresca e passarla al setaccio prima di unirla alla ricetta. E infine, non utilizzate le uova crude, ma seguite le indicazioni della ricetta per pastorizzarle con lo sciroppo bollente.

Un momento di vita quotidiana per le strade di Minori: un imbianchino ridipinge il muro d'ingresso di una casa che cela agli occhi dei curiosi un rigoglioso giardino.

2000

INGREDIENTI PER 6 PERSONE

Per il biscotto alle nocciole
65 g di zucchero
65 g burro morbido
60 g farina
40 g di nocciole intere di Giffoni tostate
6 g di lievito in polvere per dolci
40 g di tuorlo d'uovo (n. 2)

Per la mousse al cioccolato fondente
90 g di cioccolato fondente al 70%
160 g di panna liquida da montare
50 g di uova intere (n. 1)
60 g di tuorlo d'uovo (n. 3)
80 g di zucchero
60 g di acqua

Per il ripieno al mandarino
70 g di mele renette
50 g di zucchero
50 g di acqua
80 g di succo di mandarino
5 g di gelatina in fogli

Per la glassa al cacao
100 g di panna liquida
125 g di acqua
150 g di zucchero
50 g di cacao amaro in polvere
8 g di gelatina in fogli

Per decorare
oro alimentare in polvere q.b.

ORO PURO

Per il biscotto alle nocciole, montate i tuorli e lo zucchero semolato. A parte, setacciate la farina e il lievito in polvere. Nel bicchiere del mixer riducete le nocciole in polvere. Nella terrina con lo sbattuto di tuorli aggiungete il burro cremoso, la miscela di farina e lievito, e infine le nocciole. Su un foglio di carta da forno con un mattarello stendete l'impasto a uno spessore di 5 mm: ritagliate, con un coppapasta, 6 dischi di 5 cm di diametro. Riponeteli in frigorifero per circa 1 ora e poi infornateli a 160 °C per 12-15 minuti.

Preparate la mousse al cioccolato fondente. Cuocete lo zucchero e l'acqua fino ad arrivare ad una temperatura di 121 °C. Versate a filo sulle uova e montatele con le fruste elettriche fino al loro raffreddamento. In un contenitore capiente, sciogliete il cioccolato fondente a bagnomaria: controllate la temperatura, che non deve superare i 40 °C. A parte montate la panna facendo attenzione a lasciarla morbida: incorporatene metà al cioccolato caldo e mescolate velocemente con una spatola di gomma. Quindi unite le uova montate, e alla fine incorporate la rimanente panna morbida. La mousse deve risultare lucida e cremosa.

Preparate il ripieno al mandarino. Sbucciate e tagliate le mele a dadini. Cuocetele con l'acqua e lo zucchero a fuoco basso finché l'acqua non sarà quasi del tutto evaporata. Aggiungete la gelatina, precedentemente messa a bagno in acqua fredda e sciogliete completamente. Unite al composto il succo dei mandarini e la loro scorza grattugiata. Frullate per 1 minuto e lasciate riposare 10 minuti. Filtrate la miscela e colate in piccole forme semisferiche flessibili di 3 cm di diametro. Ponete in freezer a solidificare.

Per la glassa al cacao, miscelate lo zucchero con il cacao. In un tegame versate la panna e l'acqua, aggiungete la miscela di zucchero e cacao e stemperate bene con un frustino. A fuoco basso fate bollire fino a 105 °C per 1 minuto. Incorporate la gelatina, precedentemente ammorbidita, nella miscela bollente. Lasciate raffreddare e filtrate. Conservate la glassa ottenuta in frigorifero a +4 °C: utilizzatela sciogliendola a bagnomaria, cercando di non superare i 30 °C.

Componete il dolce. Prendete degli stampi monoporzione semisferici (in silicone o alluminio) e riempiteli a metà con la mousse al cioccolato. Nel centro ponete una mezza sfera gelata di ripieno al mandarino. Ricoprite con altra mousse al cioccolato e infine adagiate il biscotto alle nocciole. Lasciate indurire i dolci in freezer. Poi sformateli e sistemateli su una griglia: ricopriteli con la glassa al cacao, lasciateli colare per qualche minuto, e poi deponeteli al centro di ogni piatto. Spolverate la superficie con dell'oro alimentare in polvere (si può acquistare nelle pasticcerie) miscelato con un pizzico di zucchero e guarnite a piacere con un grappolo di ribes rossi. Conservate e servite il dolce a una temperatura di +4 °C.

Salvatore prepara una Scazzetta del vescovo con una copertura di glassa alle fragole. Sullo sfondo, Raimondo, fido collaboratore.

Salvatore
Accademia
Maestri
Pasticceri
Italiani

INGREDIENTI PER 6 PERSONE

Per la meringa alle nocciole
50 g di albume d'uovo (n. 2)
35 g di zucchero
25 g di nocciole di Giffoni intere e tostate
20 g di latte fresco intero
35 g di zucchero a velo

Per la mousse di cioccolato bianco alle mandorle
60 g di tuorlo d'uovo (n. 3)
35 g di zucchero
90 g di cioccolato bianco
40 g di latte fresco intero
5 g di gelatina in fogli
30 g di mandorle dolci pelate
3 mandorle amare pelate
⅓ di baccello di vaniglia
220 g di panna montata non zuccherata

Per il cremoso al cioccolato fondente
70 g di panna fresca liquida
60 g di latte fresco intero
20 g di zucchero
40 g di tuorlo d'uovo (n. 2)
6 g di gelatina in fogli
50 g di cioccolato fondente al 70%

Per la pasta di mandorle
50 g di mandorle dolci pelate
50 g di zucchero
25 g di acqua
3 mandorle amare pelate

Per la glassa al cioccolato fondente
150 g di latte fresco intero
170 g di cioccolato fondente al 55%

Per la glassa al cioccolato al latte
25 g di latte fresco intero
30 g di cioccolato al latte al 40%

Per la glassa al cioccolato bianco
20 g di latte fresco intero
30 g di cioccolato bianco

TORTA ANASTASIA

RICETTA ADATTA ANCHE PER CELIACI

Preparate la meringa alle nocciole. Nel bicchiere del frullatore tritate finemente le nocciole, riducendole in polvere, con 20 g di zucchero. A parte, con le fruste elettriche montate a neve ferma gli albumi con lo zucchero rimasto. Poi, con una spatola incorporate delicatamente le nocciole tritate, il latte e lo zucchero a velo. Versate il composto in uno stampo circolare precedentemente imburrato e infarinato di 20 cm di diametro. Lisciate con la spatola la superficie e infornate a 160 °C per 50 minuti.

Per la mousse di cioccolato bianco alle mandorle, nel mixer frullate le mandorle dolci e amare con lo zucchero e quindi aggiungetevi il latte, i semini di vaniglia e i tuorli. Emulsionate e versate la miscela in un tegame. Fate cuocere rimestando con una frusta, a fuoco lento, fino ad arrivare a 80 °C. Stemperate la gelatina, precedentemente reidratata in acqua fredda e poi strizzata, e il cioccolato bianco spezzettato. Continuate ad amalgamare con un cucchiaio di legno e fate raffreddare la crema fino a 28 °C. Quindi incorporate la panna montata con movimenti ampi e delicati.

Per il cremoso al cioccolato fondente, in una casseruola a fondo spesso miscelate lo zucchero con i tuorli, la panna e il latte: ponete a fuoco basso e portate fino a 80 °C per 10 secondi. Aggiungete la gelatina precedentemente ammorbidita in acqua fredda e il cioccolato fondente. Emulsionate la crema con un mixer a immersione per qualche secondo.

Per preparare la pasta di mandorle, portate a ebollizione l'acqua con lo zucchero fino a una temperatura di 120 °C. Nel bicchiere di un frullatore, tritate finemente le mandorle amare e dolci, quindi versatevi lo sciroppo bollente appena preparato ed emulsionate per qualche secondo. Lasciate raffreddare il composto e poi stendetelo su un foglio di carta da forno dello spessore di 4 mm. Ritagliatene un disco di 20 cm di diametro e adagiatelo in un anello d'acciaio da pasticcere dello stesso diametro. Stendete il cremoso al cioccolato fondente sul disco di pasta di mandorle e ponete in freezer per un paio d'ore.

Per ogni glassa ai tre tipi di cioccolato, fate bollire il latte per 30 secondi circa e poi versatelo poco per volta sulla qualità di cioccolato spezzettato. Mescolate con un cucchiaio di legno, controllando la temperatura, che dovrà essere di 35-38 °C. Utilizzatela subito.

Preparate la torta. Su un piatto da portata collocate un anello d'acciaio di 22 cm di diametro e di 4,5 cm di altezza: sistemate la meringa alle nocciole e coprite con uno strato di mousse al cioccolato bianco alle mandorle. Adagiate poi il disco rassodato di cioccolato fondente con la pasta di mandorle, premendo al centro. Ricoprite l'intera torta con la mousse rimasta e lisciate la superficie. Ponete nuovamente il dolce in freezer per 2 ore. Estraetelo e sfilate l'anello d'acciaio, eventualmente riscaldandolo con un phon, e ponetelo su una griglia: colate su tutta la torta la glassa al cioccolato fondente. Con l'ausilio di una piccola tasca da pasticcere, decorate la superficie con fili irregolari di glassa bianca e glassa al latte per creare un effetto marmorizzato. Servite la torta a +4 °C.

Il consiglio di Salvatore

Se volete la pasta di mandorle potete acquistarla già pronta in negozi specializzati o in pasticceria.

La Torta Anastasia è dedicata alla nascita della sua primogenita, la dolce Anastasia (7 anni), che in queste fotografie gioca a fare la pasticcera insieme a Salvatore e al suo fratellino Antonio.

2001

INGREDIENTI PER 8-10 PERSONE

Per la frolla alle nocciole
400 g di farina 00
240 g di burro morbido
160 g di zucchero a velo
100 g di nocciole di Giffoni tostate e ridotte in polvere
50 g di uova intere (n. 1)
30 g di albume d'uovo (n. 1)
4 g di lievito in polvere per dolci
3 g di sale
1 baccello di vaniglia

Per il ripieno alle nocciole
150 g di burro morbido
150 g di zucchero a velo
150 g di uova intere (n. 3)
150 g di nocciole di Giffoni in polvere
2 g di sale
½ scorza di arancia

Per la crema al cioccolato e nocciola
250 g di cioccolato gianduia
80 g di panna liquida fresca
30 g di burro
30 g di pasta pura di nocciole

Per la finitura
granella di nocciole tostate

TORTA GIFFONESE

Con le fruste elettriche lavorate il burro con lo zucchero a velo fino a ottenere una crema leggera montata, incorporate le nocciole in polvere (o comunque tritate finemente) e poi aggiungete l'uovo, l'albume, il lievito, il sale e i semini di vaniglia. Amalgamate con una spatola e infine unite poco per volta la farina setacciata. Lavorate brevemente l'impasto con le mani, formate una palla, avvolgetela nella pellicola trasparente e lasciatela riposare in frigorifero per qualche ora.

Preparate il ripieno alle nocciole. In una ciotola capiente montate leggermente il burro morbido con lo zucchero a velo, il sale e la scorza grattugiata d'arancia. Incorporate una per volta le uova e poi le nocciole in polvere. Per la crema al cioccolato e nocciola, fate fondere a bagnomaria in un tegame a fondo spesso il cioccolato gianduia ridotto a pezzetti. A parte, portate a ebollizione la panna per 30 secondi e poi versatela sul cioccolato ottenendo una crema liscia e lucida. Unite, alla fine, il burro morbido e la pasta di nocciole. Emulsionate bene e lasciate raffreddare e stabilizzare per almeno 12 ore.

Ora, in una tortiera di 22 cm di diametro, stendete la pasta frolla spessa circa 5 mm. Farcite con il ripieno alle nocciole di Giffoni fino a tre quarti. Cuocete in forno caldo a 170 °C per circa 35 minuti. Una volta raffreddata, sformate la torta su un piatto da portata e con un sac-à-poche dotato di una bocchetta riccia formate sulla superficie delle onde con la crema al cioccolato e nocciola. Cospargete sul bordo dei granellini di nocciole tostate.

Il consiglio di Salvatore

Per un miglior risultato vi suggerisco di preparare la crema di cioccolato e nocciola il giorno prima.

2002

INGREDIENTI PER 8 PERSONE

Per il pan di Spagna alle nocciole
50 g di uova intere (n. 1)
25 g di zucchero
10 g di farina 00
20 g di nocciole di Giffoni intere tostate
10 g di burro

Per il ripieno croccante alle nocciole
25 g di corn flakes sbriciolati
25 g di granella di nocciole
30 g di pasta di nocciole pralinate (vedi "CremDeRì", pag. 214)
25 g di cioccolato al latte

Per la bavarese alla nocciola
40 g di tuorlo d'uovo (n. 2)
30 g di zucchero
50 g di panna liquida fresca
50 g di pasta nocciole pralinate
50 g di panna montata zuccherata

Per la mousse di cioccolato al latte
150 g di cioccolato al latte al 40%
300 g di panna liquida fresca
60 g di tuorlo d'uovo (n. 3)
25 g di zucchero
20 g di acqua
½ baccello di vaniglia
6 g di gelatina in fogli

Per la glassa al cioccolato al latte
200 g di cioccolato al latte al 40%
150 g di latte fresco intero
30 g di miele di acacia

Per la glassa al cioccolato bianco
50 g di cioccolato bianco
35 g di latte fresco intero
7 g di miele di acacia

TORTA ASIA

Preparate il pan di Spagna alle nocciole. In una ciotola con le fruste elettriche montante a spuma l'uovo con lo zucchero. Nel bicchiere del frullatore polverizzate le nocciole con la farina setacciata e, gradualmente, con un cucchiaio di legno, incorporatele allo sbattuto di uovo. Infine unite il burro fuso in precedenza a fuoco molto basso. Mettete il composto in una tortiera di 20 cm di diametro e ponete in forno preriscaldato a 200 °C per 10 minuti.

Per il ripieno croccante alla nocciola. In un bagnomaria caldo fate fondere il cioccolato al latte: aggiungete, poco per volta, la pasta di nocciole pralinate, i corn flakes sbriciolati e la granella di nocciole. Stendete l'amalgama ottenuta all'interno di un anello di acciaio di 20 cm di diametro e 4,5 cm di altezza sistemato sopra un foglio di carta da forno. Ponete in freezer per 1 ora.

Per la bavarese alla nocciola. Con una frusta, in un tegame, miscelate lo zucchero, i tuorli, la pasta di nocciole pralinate e la panna liquida. Mettete sul fuoco e lentamente portate a 80 °C. Poi togliete dalla fiamma e, sempre emulsionando, lasciate raffreddare fino a 26 °C. A questo punto aggiungete, con una paletta, la panna montata zuccherata e versate la crema nell'anello d'acciaio sopra al ripieno croccante alle nocciole rassodato. Riponete in freezer fino al completo congelamento.

Per la mousse di cioccolato al latte. Innanzitutto preparate uno sciroppo portando, in una piccola casseruola a fuoco basso, lo zucchero con l'acqua e la vaniglia fino a 120 °C. Versatelo a filo sui tuorli montandoli con le fruste elettriche per qualche minuto. A parte, fate fondere il cioccolato al latte. Montate la panna tenendola morbida. Reidratate i fogli di gelatina in acqua fredda per 15 minuti, quindi strizzateli e scioglieteli in un bagnomaria caldo. Incorporate metà della panna nel cioccolato caldo, poi unite i tuorli montati, la gelatina sciolta e la rimanente panna: mescolate adagio con delicatezza e con movimenti dall'alto verso il basso.

Per le glasse al cioccolato. Per ciascun tipo di glassa, portate a ebollizione il latte con il miele e versatelo lentamente sul tipo di cioccolato ridotto a pezzetti. Fate attenzione a non superare i 35 °C. Glassate direttamente la torta quando è ancora congelata.

Componete la torta. Collocate il pan di Spagna alle nocciole in un anello d'acciaio di 22 cm di diametro e 4,5 cm di altezza, posto su un piatto da dolci. Ricopritelo con un terzo della mousse al cioccolato e adagiate al centro il disco di bavarese alla nocciola congelato con il ripieno croccante. Colmate con la rimanente mousse al cioccolato e lisciate la superficie. Trasferite il dolce in freezer per 2 ore. Estraetelo, sfilate l'anello d'acciaio e adagiate la torta su una griglia. Ricopritela con la glassa al latte e rifinite con delle striature irregolari di glassa al cioccolato bianco. Create delle decorazioni con l'aiuto di uno stecchino di legno

La spiaggia di Minori si popola di ombrelloni e bagnanti appena inizia la bella stagione. E il piccolo molo sul fondo è il punto di attracco dei pescatori del luogo.

Nelle pagine successive, nel laboratorio di Tramonti, Salvatore insieme a Marco e Anna.

Salvatore
De Ris
Accademia
Maestri Pasticceri Italiani

2003

INGREDIENTI PER 8 PERSONE

Per la pasta frolla alle nocciole
75 g di burro morbido
50 g di zucchero
20 g di tuorlo d'uovo (n. 1)
50 g di uova intere (n. 1)
50 g di nocciole di Giffoni in polvere
75 g di farina 00
1 g di sale

Per il ripieno di fichi bianchi del Cilento e cioccolato
225 g di fichi bianchi del Cilento puliti
100 g di latte fresco intero
35 g di cioccolato fondente al 70 %
15 g di amido di riso

Per la crema di ricotta di bufala
350 g di ricotta di bufala
150 g di zucchero al velo
30 g di gherigli di noce

Per la confettura di fichi bianchi del Cilento
500 g di fichi bianchi del Cilento puliti
200 g di zucchero
20 g di grappa
½ limone Costa d'Amalfi

Per la decorazione
10 gherigli di noci puliti
1 fico bianco del Cilento
30 g di cioccolato fondente fuso

DOLCE PASSIONE

Per la pasta frolla, inserite tutti gli ingredienti in un robot da cucina ed emulsionate per circa 1 minuto. Quando la pasta risulterà compatta toglietela dal robot e conservatela in frigorifero per circa 30 minuti. Poi stendetela spessa circa 5 mm su una teglia da forno. Ricavate un cerchio di circa 20 cm di diametro e cuocete in forno a 180 °C per 20 minuti. Lasciate raffreddare a temperatura ambiente. Per il ripieno di fichi bianchi, frullate i fichi con il latte e l'amido fino ad ottenere una miscela omogenea. Versatela in una pentola e cuocete a fuoco dolce fino a 90 °C. Togliete la crema dal fuoco e aggiungete il cioccolato fondente. Miscelate fino a completo scioglimento del cioccolato e versate in uno stampo flessibile di 20 cm di diametro. Trasferite in freezer fino a completa congelazione. Per la crema di ricotta: con un frustino elettrico mantecate la ricotta con lo zucchero a velo per circa 4 minuti. Aggiungete i gherigli di noci a pezzettini.

Per la confettura, frullate i fichi con zucchero e grappa. Fate cuocere in una casseruola fino a 104 °C (60 °Brix). Aggiungete il succo di mezzo limone. Lasciate raffreddare a temperatura ambiente. Componete la torta: su un piatto da portata sistemate un anello di acciaio di 22 cm di diametro e alto 4 cm e all'interno mettete il disco di pasta frolla alle nocciole. Sopra stendete uno strato di circa 5 mm di crema di ricotta. Al centro adagiate il disco congelato di crema di fichi e cioccolato. Ricoprite con la rimanente crema di ricotta e lisciate la superficie con una spatola d'acciaio. Trasferite la torta in freezer per 3 ore. Poi con una spatola di acciaio glassate la superficie con la confettura di fichi bianchi. Togliete il cerchio di acciaio e decorate la torta con delle gocce di cioccolato fondente fuso e gherigli di noci. Completate mettendo al centro un fico bianco del Cilento.

INGREDIENTI PER 20 SOSPIRI

Per il pan di Spagna leggero
300 g di uova intere (n. 6)
180 g di zucchero
80 g di farina 00
50 g di fecola
buccia grattugiata di ½ limone Costa d'Amalfi
1 g di rosmarino tritato

Per la crema al rosmarino
350 g di latte fresco intero
150 g di panna fresca
80 g di tuorlo d'uovo (n. 4)
150 g di zucchero
40 g di amido di mais
2 g di sale
10 g di rosmarino fresco (o 6 g di rosmarino secco)

Per la glassa ai frutti di bosco
300 g di frutti di bosco (lamponi, fragoline, more, mirtilli, ribes)
300 g di zucchero
7 g di amido di mais
10 g di gelatina
10 g di succo di limone

SOSPIRI AL ROSMARINO E FRUTTI DI BOSCO

Preparate il pan di Spagna leggero. Rompete le uova e separate i tuorli dagli albumi. In un'ampia terrina montate i tuorli con 40 g di zucchero, il limone grattugiato e il rosmarino tritato. A parte, montate gli albumi con i rimanenti 50 g di zucchero e 5 gocce di succo di limone, fino a farli diventare ben sodi. Setacciate la farina e la fecola. Unite delicatamente i tuorli e gli albumi montati e aggiungete poco per volta la farina e la fecola. Colate il composto in semisfere di silicone di 3 cm di diametro e cuocete in forno, già caldo, a 170 °C per circa 10 minuti. Quindi lasciate raffreddare a temperatura ambiente. Ogni sospiro sarà composto da due semisfere di pan di Spagna.

Preparate la crema al rosmarino. Fate bollire la panna e il latte con il rosmarino e lasciatelo in infusione per circa 30 minuti. A parte, in un pentolino miscelate i tuorli con lo zucchero, l'amido e il sale. Filtrate il latte e la panna e aggiungetelo al composto di tuorli e zucchero. Cuocete la crema a 82 °C, poi raffreddatela velocemente in freezer stendendola in una teglia d'acciaio, ricoperta a contatto diretto con pellicola trasparente.

Preparate la glassa ai frutti di bosco. Frullate in un frullatore i frutti di bosco puliti con lo zucchero e l'amido. Versate in una pentola e fate bollire a fuoco basso, rimestando con un cucchiaio di legno, fino ad arrivare a una temperatura di 104 °C. Togliete dal fuoco e aggiungete il succo di limone e la gelatina, precedentemente messa a bagno in acqua fredda. Poi filtrate attraverso una retina eliminando eventuali grumi e semini della frutta. Conservate la glassa a temperatura ambiente, ricoperta con pellicola trasparente posta a diretto contatto con la superficie.

Preparate i sospiri. Senza sformarle dal loro stampo, farcite le cupolette di pan di Spagna con la crema al rosmarino, aiutandovi con un sac-à-poche con la bocchetta riccia di 8 mm di diametro. Togliete dallo stampo di silicone la metà delle cupolette farcite e tagliate la parte tondeggiante, per creare la base di appoggio. Adagiate al centro di ognuna uno spuntone di crema al rosmarino e sopra sistemate un'altra cupoletta farcita, facendole aderire tra di loro con la crema. Ponetele in freezer per circa 3 ore. Trascorso il tempo necessario sistemate i sospiri sopra una griglia e glassateli, con l'aiuto di un mestolino, con la glassa ai frutti di bosco riscaldata a una temperatura di circa 35 °C. Decorate la superficie del sospiro con un aghetto di rosmarino, precedentemente bagnato in acqua e passato nello zucchero semolato.

Salvatore si mostra soddisfatto
della torta decorata da Riamondo.

Raimondo
Salvatore
Accademia
Maestri
Pasticceri
Italiani

2006

INGREDIENTI PER 6 PERSONE

Per il sablée al caffè
30 g di burro morbido
30 g di zucchero
15 g di panna fresca liquida
2 g di lievito in polvere per dolci
1,5 g di caffè macinato
1 pizzico di sale
50 g di farina 00

Per il caramello salato
30 g di zucchero
30 g di miele d'acacia
40 g di panna fresca liquida
½ baccello di vaniglia
1 g di sale di Cervia

Per la mousse al caramello
120 g di zucchero
30 g di miele d'acacia
½ baccello di vaniglia
120 g di panna fresca liquida
40 g di tuorlo d'uovo (n. 2)
5 g di gelatina in fogli
200 g di panna montata

Per il cremoso al caffè
80 g di latte fresco intero
5 g di caffè macinato
40 g di tuorlo d'uovo (n. 2)
25 g di zucchero
2,5 g di gelatina in fogli
70 g di panna montata non zuccherata

Per la gelatina neutra
50 g di zucchero
25 g di miele d'acacia
40 g di acqua
3 g di pectina
5 g di succo di limone

TORTANTÒ

Preparate il sablée al caffè. Mantecate, con le fruste elettriche da impasto, il burro morbido insieme a zucchero e sale per circa 3 minuti. Aggiungete la panna, il caffè macinato e unite con una spatola la farina setacciata con il lievito. Formate un disco in una tortiera di 18 cm di diametro. Ponete in forno preriscaldato a 170 °C e cuocete per circa 15 minuti.

Per il caramello salato. In un pentolino, a fuoco basso, caramellate lo zucchero con il miele e la vaniglia. Quando avrà un bel colore ambrato, togliete dal fuoco e aggiungete la panna precedentemente riscaldata. Salate e lasciate raffreddare a temperatura ambiente.

Per la mousse al caramello. A fiamma bassa caramellate lo zucchero con il miele d'acacia e la vaniglia fino a ottenere un bel colore dorato chiaro. Stemperate la panna precedentemente riscaldata e mixate la miscela con un mixer a immersione. Incorporate subito i fogli di gelatina, precedentemente ammorbiditi in acqua fredda, e infine i tuorli. Amalgamate e lasciate raffreddare la crema per 10 minuti. Quindi montatela con le fruste elettriche fino a renderla spumosa. A questo punto unite, poco per volta, la panna montata.

Per il cremoso al caffè. Riunite in un tegame i tuorli, lo zucchero, il caffè macinato e il latte: mescolando in continuazione portate lentamente a 80 °C e così cuocete per 30 secondi. Con una frusta stemperate

la gelatina strizzata, precedentemente reidratata in acqua fredda, fino a completo scioglimento. Fate raffreddare il composto a temperatura ambiente e quando raggiunge i 26 °C incorporate la panna montata. Colate la crema in uno stampo flessibile da torte di diametro 18 cm e trasferite in freezer.

Per la gelatina neutra. Bollite per 3 minuti l'acqua con 40 g di zucchero e il miele. Aggiungete la pectina miscelata con 10 g di zucchero e agitate con una frusta. Bollite ancora per 1 minuto, unite il succo di limone e lasciate raffreddare.

Componete la torta. Su un piatto da portata sistemate un anello di acciaio di 20 cm di diametro e 4,5 cm di altezza. Deponete il disco di sablée al caffè e sopra formate uno strato di mousse al caramello spesso circa 1,5 cm. Al centro adagiate il disco congelato di cremoso al caffè, schiacciando leggermente sulla mousse. Velate con il caramello salato e farcite con la restante mousse al caramello. Lisciate la superficie e trasferite la torta in freezer per 2 ore. Quindi sfilate l'anello di acciaio, eventualmente riscaldandolo con un phon, e poi glassate la superficie della torta con la gelatina neutra, polvere di caffè e alcune sfumature di caramello salato.

Tortantò è stata creata
in occasione della nascita di Antonio,
che in questa fotografie si diverte
a impastare, versare e assaggiare
nel laboratorio di papà.

Nelle pagine successive,
sul lungomare di Minori papà Antonio
gusta la granita di Antonio Di Lieto
(sulla sinistra) insieme ai più piccoli:
da sinistra, Giorgia, Antonio, Francesco,
Manuel, Nicola e Annaluna.

Accademia
Maestri
Pasticceri

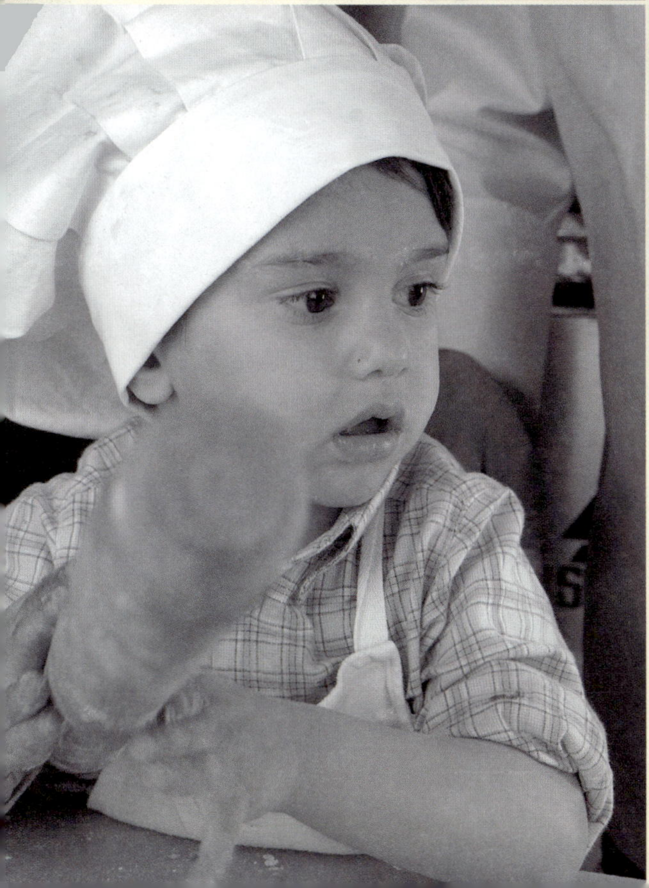

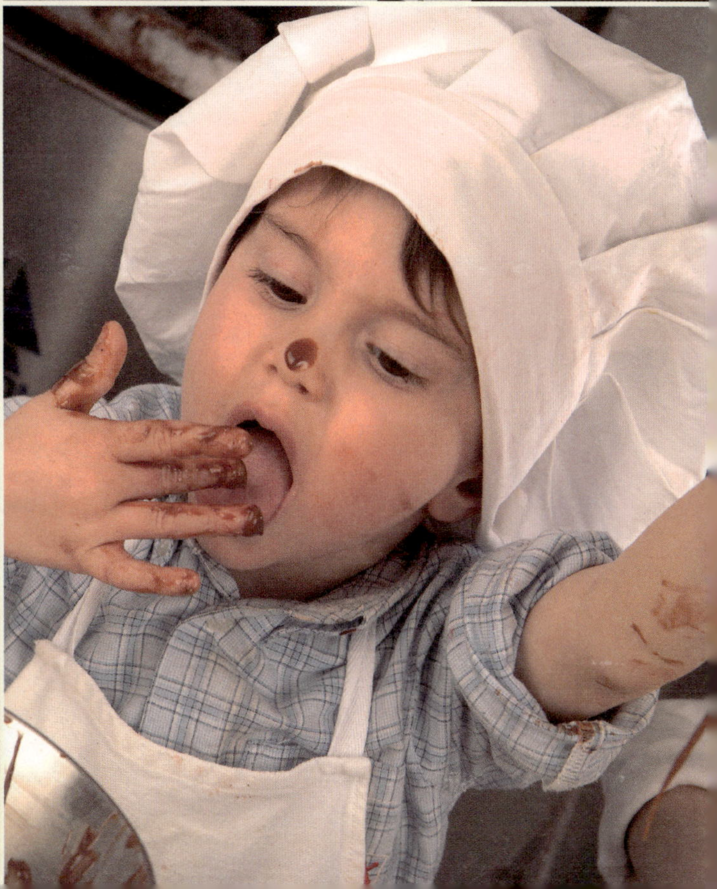

Gelateria Artigianale
De Riso
MINORI
MURPHY

2007

INGREDIENTI PER 8 PERSONE

100 g di olio extravergine d'oliva
120 g di zucchero a velo
200 g di mandorle dolci pelate
180 g di cioccolato bianco
30 g di scorzette di limone candite
½ baccello di vaniglia
1 limone Costa d'Amalfi
250 g di uova intere (n. 5)
60 g di zucchero
50 g di fecola di patate
5 g di lievito in polvere per dolci

CAPRESE AL LIMONE

RICETTA ADATTA ANCHE PER CELIACI

Frullate le mandorle con lo zucchero a velo e i semini di vaniglia. A parte, grattugiate il cioccolato bianco o tagliatelo molto finemente. In una capiente terrina, con le fruste elettriche, montate le uova con lo zucchero fino a triplicarne il volume. A parte incorporate alla miscela di mandorle e zucchero a velo il cioccolato bianco grattugiato, le scorzette di limone candite finemente tritate, la scorza grattugiata del limone fresco e la fecola di patate setacciata con il lievito. Miscelate tutti gli ingredienti, aggiungete l'olio extravergine d'oliva e infine le uova montate. Emulsionate bene il tutto con una spatola senza preoccuparvi se le uova tendono a smontarsi. Versate il composto in una tortiera imburrata e infarinata con fecola di patate di 22 cm di diametro. Infornate a una temperatura di 200 °C per i primi 5 minuti e poi lasciate cuocere per altri 45 minuti a 160 °C.

Dopo la cottura, lasciate raffreddare il dolce nella tortiera e sformatelo quando sarà tiepido. Lasciatelo riposare qualche ora, spolverizzatelo con zucchero a velo e servite.

L'uomo che parla ai limoni

Questa è una storia che parte da lontano. Più precisamente dal **1825**, anno in cui **Salvatore Aceto** acquista un pezzo di terreno presso Ravello per dedicarsi alla produzione e al commercio di limoni. È la storia di uno **stretto legame con la terra** che di generazione in generazione è giunta sino a **Luigi Aceto**. Sua l'idea di aprire al pubblico, negli anni Ottanta, le splendide terrazze coltivate sul mare, creando un *Lemon Garden* dove imparare a conoscere un agrume unico come lo Sfusato d'Amalfi. Un prodotto che **dal 2001 è insignito del marchio Igp** (Indicazione geografica protetta) per le proprie qualità.

Merito del sole, della brezza che soffiando dal mare accarezza le macerine, le tipiche terrazze amalfitane, ma anche della passione di chi, come Luigi Aceto, lavora la terra seguendo la tradizione, **con un metodo di coltivazione biologica certificato che non prevede l'uso di concimi chimici**. Una storia antica che si proietta nel futuro grazie a Marco Aceto, figlio di Luigi, dal 2003 presidente del "Consorzio di tutela del limone Costa d'Amalfi I.G.P.", un progetto che è stato premiato da Slow Food con la creazione di un presidio in Costiera Amalfitana e con l'invito a partecipare al Salone del Gusto di Torino.

INGREDIENTI PER 25 BIGNÈ

Per i bignè
100 g di acqua
100 g di latte fresco intero
3 g di sale
4 g di zucchero
85 g di olio extravergine d'oliva
120 g di farina 00
300 g di uova intere (n. 6)
Per la crema alle nocciole
175 g di latte fresco intero
75 g di panna fresca
40 g di tuorlo d'uovo (n. 2)
75 g di zucchero
120 g di nocciole tostate di Giffoni
20 g di amido di mais
1 g di sale
125 g di panna fresca montata e zuccherata
Per la glassa alle nocciole
100 g di latte fresco intero
200 g di cioccolato gianduia
Per la decorazione
25 nocciole tostate intere

BIGNÈ ALL'OLIO EXTRA E CREMA DI NOCCIOLE

Preparate i bignè. Portate a ebollizione l'acqua e il latte con il sale, lo zucchero e l'olio extravergine d'oliva. Spegnete il fuoco e aggiungete la farina setacciata e quindi, rimestando con un cucchiaio di legno, fate cuocere per circa 3 minuti a fuoco lento. Poi ponete il composto ottenuto in un robot da cucina: lasciatelo raffreddare fino a quando avrà una temperatura di circa 45 °C. Azionate il robot per qualche secondo per raffinare l'impasto e aggiungete le uova in 2-3 tempi. Emulsionate azionando il robot per 20-30 secondi. Alla fine la pasta deve risultare liscia, morbida e vellutata. Utilizzatela subito formando i bignè sopra una teglia da forno leggermente unta. Infornateli a 195 °C per circa 35 minuti finché saranno ben gonfi e dorati. Lasciateli poi raffreddare a temperatura ambiente.

Preparate la crema alle nocciole. In un robot da cucina frullate per 3 minuti le nocciole con lo zucchero, ottenendo una pasta abbastanza fluida. Aggiungete il latte ed emulsionate ancora per 1 minuto. Versate il composto in una pentola, incorporate la panna e portate a ebollizione. Filtrate con l'aiuto di un colino per eliminare eventuali granellini di nocciola. A parte, miscelate in una pentola i tuorli d'uovo con l'amido e il sale e aggiungete la miscela ancora calda. Fate cuocere rimestando con un cucchiaio di legno fino a 82 °C. Lasciate raffreddare la crema in una teglia d'acciaio, coperta con pellicola trasparente posta a diretto contatto con la sua superficie, in freezer per circa 20 minuti. Quando la crema sarà ben fredda, unite la panna montata e amalgamate. Dopodiché conservatela a +4 °C.

Preparate la glassa alle nocciole. Portate ad ebollizione il latte e versatelo sul cioccolato gianduia tagliato a pezzetti. Mescolando con cura fate sciogliere il cioccolato.

Farcite i bignè con la crema alle nocciole usando un sac-à-poche con bocchetta riccia di circa 8 mm. Glassateli uno per volta con la glassa alle nocciole, che abbia una temperatura di circa 35 °C. Adagiate sopra ogni bignè una nocciola tostata intera e lasciate raffreddare prima di servire.

A Ravello, l'incredibile scorcio di una casa aggrappata alla roccia e con un meraviglioso accesso pergolato al mare.

Con le mani e con il cuore

Nei party più *cool* li definiscono *finger food*. Sul banco dei locali *à la page* sono i protagonisti degli *happy hours*. Servono ad accompagnare i migliori cocktail preparati da grandi barman. A noi, per non essere troppo esterofili, piace come li ha definiti Salvatore: "Sono da mangiare con le mani, ma vanno fatti con il cuore".

E allora, in questa rassegna di ricette del sole, non potevano mancare piccoli piatti salati, *tapas* o *pintxos* come direbbero gli spagnoli, realizzati con otto originali confetture di Salvatore, che mescolano verdure e frutta: fragole con peperoni rossi, pomodori verdi e limone, cipolle rosse di Tropea e melannurca.

Un'idea magnifica, confetture che potete trovare anche già pronte nei barattolini della Sal De Riso prodotti nel laboratorio di Tramonti, ma che con generosità il pasticcere del sole insegna a preparare anche in casa.

Semplici e magici questi *finger food* vi sorprenderanno per la loro bontà.

LE CONFETTURE

La tecnica di Salvatore

La giusta temperatura di cottura favorisce la conservazione della confettura, che può durare 6 mesi. Inoltre, nella preparazione di una confettura è bene utilizzare l'unità di misura usata per le sostanze allo stato solido dissolte in un liquido: si tratta dei gradi Brix (il simbolo è °Bx), che possono essere determinati con un rifrattometro. È uno strumento reperibile nei negozi specializzati per cucina e pasticceria: la gradazione corretta in una confettura deve essere tra 52 e 62 °Bx. Per sterilizzare i barattoli vuoti e i loro coperchi, infornateli a 130 °C per 5 minuti, quindi estraeteli e subito spruzzateli con alcool puro. Dopo averli riempiti con la confettura, chiudeteli bene e pastorizzateli in forno.

CONFETTURA DI POMODORI VERDI E LIMONI

Ingredienti per 6 vasi da 110 g

- 600 g di pomodori verdi puliti
- 120 g di bucce di limoni semicandite
- 480 g di zucchero
- 20 g di succo di limone Costa d'Amalfi

Sbollentate i pomodori in acqua bollente, sbucciateli, tagliateli in 4 spicchi e privateli dei semi. Poneteli in una pentola, unite le bucce di limone semicandite, lo zucchero e cuocete a fuoco lento fino a 105 °C e 62 °Bx. A questo punto aggiungete il succo di limone e mescolate bene. Versate la confettura, ancora bollente, nei vasetti sterilizzati. Chiudeteli subito con il coperchio e pastorizzateli in forno a 130 °C per 12 minuti.

CONFETTURA DI CIPOLLE ROSSE DI TROPEA E MELANNURCA

Ingredienti per 6 vasi da 110 g

- 200 g di Melannurca pelata e tagliata a pezzettini
- 300 g di cipolla rossa di Tropea pulita e tritata finemente
- 400 g di zucchero
- 1 g di sale fino
- 15 g di succo di limone Costa d'Amalfi

Disponete cipolle e mele in una casseruola a fondo spesso, unite lo zucchero, il sale e cuocete a fuoco basso, amalgamando con un cucchiaio di legno, fino a portare il composto a 105 °C e 55 °Bx. Poi aggiungete il succo di limone e dopo 1 minuto spegnete. Frullate con un mixer a immersione per pochi secondi fino a ottenere un composto omogeneo cremoso. Versate la confettura ancora bollente in vasetti sterilizzati. Chiudete con il coperchio e pastorizzate i vasetti passandoli in forno preriscaldato a 130 °C per 12 minuti.

CONFETTURA DI FRAGOLE E PEPERONI ROSSI

Ingredienti per 6 vasi da 110 g

- 450 g di fragole pulite e lavate
- 150 g di peperoni rossi puliti e lavati
- 480 g di zucchero
- 40 g di succo di limone Costa d'Amalfi

Nel bicchiere di un mixer frullate insieme le fragole, i peperoni e lo zucchero. Versate il composto ottenuto in una casseruola e fate cuocere fino a 103 °C e 62 °Bx a fuoco basso. Unite il succo di limone e lasciate bollire ancora per 1 minuto. Con la confettura ancora bollente riempite i vasetti precedentemente sterilizzati. Chiudeteli subito e pastorizzateli in forno preriscaldato a 130 °C per 12 minuti.

CONFETTURA DI POMODORI SAN MARZANO E PISTACCHI DI BRONTE

Ingredienti per 6 vasi da 110 g

- 600 g di pomodori rossi San Marzano
- 480 g di zucchero
- 80 g di pistacchi di Bronte pelati
- 80 g di succo di limone Costa d'Amalfi

Immergete i pomodori in una pentola con acqua bollente per qualche minuto, quindi sbucciateli, tagliateli in quattro spicchi e privateli dei semi. Poneteli in una casseruola con lo zucchero, e, a fiamma dolce, fate cuocere fino a raggiungere 105 °C e 64 °Bx. A questo punto aggiungete i pistacchi e il succo di limone: mescolando, fate bollire per 1 minuto. Versate la confettura ancora bollente nei vasetti precedentemente sterilizzati. Chiudeteli subito e pastorizzateli in forno preriscaldato a 130 °C per 12 minuti.

Ingredienti per 6 vasi da 110 g
600 g di sedano mondato
120 g di spremuta d'arancia
60 g di buccia d'arancia
480 g di zucchero
12 g di succo di limone Costa d'Amalfi

CONFETTURA DI SEDANO E ARANCE

Realizzate la semicanditura delle bucce d'arancia: tritate finemente la buccia d'arancia e ponetela in un pentolino con 50 g di acqua e 30 g zucchero. Portate a ebollizione e cuocete lentamente per 5 minuti. Spegnete la fiamma e lasciate raffreddare. Nel frattempo, in un robot da cucina, centrifugate il sedano precedentemente spezzettato e poi trasferite la polpa e il succo ottenuti in una casseruola. Aggiungete la spremuta di arancia filtrata, lo zucchero rimasto e la buccia d'arancia semicandita con il suo sciroppo. Mescolando, fate cuocere dolcemente fino a 104 °C e 61 °Bx. Quindi unite il succo di limone e dopo 1 minuto spegnete. Versate la confettura, bollente, nei vasetti sterilizzati: chiudeteli con il coperchio e pastorizzateli in forno preriscaldato a 130 °C per 12 minuti.

Ingredienti per 6 vasi da 110 g
500 g di carote
180 g di spremuta d'arancia
150 g di zucchero
150 g di miele d'acacia
2 g di semi di coriandolo
50 g di buccia d'arancia
50 g di acqua
20 g di succo di limone Costa d'Amalfi

CONFETTURA DI CAROTE, ARANCIA E CORIANDOLO

Pelate e lavate le carote. Tagliatele a pezzi e lessatele per 12 minuti. Intanto tritate la buccia d'arancia, ponetela in un pentolino con 50 g di zucchero, 60 g di acqua e, a fuoco basso, portate a ebollizione per 5 minuti. Passate le carote al setaccio, ponetele in una casseruola e unitevi la buccia di arancia, precendentemente semicandita, con il suo sciroppo, lo zucchero rimasto, il miele, i semi di coriandolo e il succo d'arancia spremuta e poi filtrato. Mescolando con un cucchiaio di legno fate cuocere, a fuoco basso, fino a 105 °C e 60 °Bx. Aggiungete il succo di limone filtrato, rimestate e dopo 1 minuto spegnete. Con la confettura ancora bollente riempite i vasetti sterilizzati. Chiudete subito con coperchio e pastorizzate i vasetti in forno preriscaldato a 130 °C per 12 minuti.

Ingredienti per 6 vasi da 110 g
1 kg di pere
250 g di limoni Costa d'Amalfi
100 g di bucce di limone Costa d'Amalfi semicandite
625 g di zucchero

CONFETTURA DI PERE E LIMONI

Con l'aiuto di un pelapatate ricavate delle sottili bucce di limone, pesatene 100 g e tagliatele a julienne. Fatele cuocere per 6 minuti in 100 g di acqua e 100 g di zucchero. Lasciate raffreddare a temperatura ambiente. Pelate gli spicchi di limone al vivo, eliminando la parte bianca, le pellicine e i semi. Tagliate le pere a piccoli pezzi e riunite tutti gli ingredienti, compreso lo zucchero, in una pentola e fate cuocere fino a 105 °C e 62 °Bx. Riempite di confettura ancora bollente i vasetti sterilizzati. Chiudete subito con il coperchio e pastorizzate i vasetti in forno preriscaldato a 130 °C per 12 minuti.

Ingredienti per 6 vasi da 110 g
250 g di spicchi di mandarino puliti
300 g di arance pelate al vivo
150 g di limoni pelate al vivo
50 g di bucce di limone Costa d'Amalfi semicandite
50 g di bucce di mandarino semicandite
50 g di bucce d'arance semicandite
400 g di zucchero

CONFETTURA DI AGRUMI

Ricavate delle sottili bucce di limone e di arancia con l'aiuto di un pelapatate, pesatene 50 g per tipo e tagliatele a julienne. Pesate 50 g di bucce di mandarino e tagliatele a julienne. Fate cuocere tutte le bucce per circa 6 minuti in 150 g di acqua e 150 g di zucchero. Lasciate raffreddare a temperatura ambiente. Pelate gli spicchi di limone e di arancia al vivo eliminando la parte bianca, le pellicine e i semi. Eliminate i semi ed eventuali filamenti anche dagli spicchi di mandarino. Ponete tutti gli agrumi in una pentola con lo zucchero e fate cuocere fino ad arrivare ad una temperatura di 104 °C. Aggiungete le bucce già semicandite con il loro sciroppo e portate ad una temperatura di 106 °C. Riempite i vasetti sterilizzati con la confettura ancora bollente. Chiudete subito con il tappo e pastorizzate i vasetti in forno preriscaldato a 130 °C per 12 minuti.

INGREDIENTI PER 6 PERSONE

100 g di farina 00
100 g di purea di patate
12 g di lievito di birra
50 g di uova intere (n. 1)
2 g di zucchero
40 g di burro morbido
5 g di sale
pepe nero macinato
al momento
50 g di alghe di mare fresche
1 vasetto di confettura di
carote, arancia e coriandolo

GNOCCHETTI DI PATATE

AL PROFUMO DI ALGHE E CONFETTURA DI CAROTE, ARANCIA E CORIANDOLO

Su una spianatoia disponete la farina a fontana, al centro create una fossetta in cui introducete la purea di patate, il lievito di birra, in precedenza sciolto in poca acqua, l'uovo, lo zucchero, il burro morbido e il sale. Amalgamate, poco a poco tutti gli ingredienti fino a ottenere un impasto liscio e omogeneo. Incorporate le alghe tagliuzzate abbastanza finemente e impastate ancora per 1 minuto.

Ponete in una terrina e lasciate riposare per circa 15 minuti, ricoprendo con un canovaccio. Poi ricavate dei piccoli gnocchetti e deponeteli su un vassoio infarinato: fateli lievitare per circa 30 minuti a temperatura ambiente sempre coperti da un canovaccio. Quindi friggeteli in una miscela di olio di semi e olio extravergine d'oliva in parti uguali a circa 170 °C.

Scolateli e lasciateli asciugare su un piatto foderato di carta assorbente da cucina. Ancora caldi intingete gli gnocchetti in una salsa tiepida preparata con la confettura di carote, arancia e coriandolo diluita con qualche cucchiaio di acqua. Serviteli subito.

INGREDIENTI PER 6 PERSONE

400 g di yogurt di bufala
300 g di pomodori sorrentini
1 mazzo di basilico
50 g di mandorle pelate e tostate
45 g di burro
75 g di farina 00
2 g di sale
2 g di gelatina in fogli
sale
olio extravergine d'oliva
origano
1 vasetto di confettura di carote, arancia e coriandolo

CREMOSO DI YOGURT DI BUFALA

SUCCO DI BASILICO, CUBETTI DI POMODORO E CONFETTURA DI CAROTE, ARANCIA E CORIANDOLO

Innanzitutto preparate una granella di mandorle salate. Nel bicchiere del mixer tritate grossolanamente le mandorle. Miscelate la farina con la granella di mandorle preparata, il sale e il burro fuso ma non caldo. Mescolate bene fino a ottenere un composto granuloso. Disponete i granuli sopra una teglia foderata di carta da forno e cuoceteli a 180 °C per 8 minuti.

Preparate poi un succo di basilico, centrifugando una quantità di foglie di basilico sufficienti a ottenere circa 60 g di liquido. Riscaldate 60 g di acqua con un pizzico di sale e unite la gelatina, precedentemente messa a bagno in acqua fredda. Fate sciogliere bene e aggiungete il succo di basilico. Distribuite sul fondo di 6 bicchieri un cucchiaio di granella di mandorle salata e sopra colate circa 30 g di yogurt cremoso al naturale che avrete leggermente salato. Ponete in freezer per circa 30 minuti e poi versate un sottile strato di succo di basilico: lasciate nuovamente rapprendere in freezer. Ricoprite il succo di basilico con un altro strato di yogurt e congelate. Velate lo yogurt con un altro strato di succo di basilico.

A parte, tagliate a piccoli cubetti i pomodori, privi di semi e di succo e poi conditeli con sale, olio extravergine d'oliva e origano. Adagiate sul succo di basilico gelificato un cucchiaio di cubetti di pomodoro e ricoprite con la confettura di carote, arancia e coriandolo, se necessario, leggermente diluita con un po' d'acqua. Infine, decorate ogni bicchiere con una fogliolina di basilico fresco.

INGREDIENTI PER 12 TIMBALLINI

200 g di riso Carnaroli
30 g di cipolla bianca tritata
40 g di olio extravergine d'oliva
50 g di vino bianco secco
200 g di latte fresco intero
100 g di uova intere (n. 2)
20 g di prezzemolo tritato finemente
50 g di Caciocavallo Podolico grattugiato
5 g di scorza di limone grattugiata
acqua bollente q.b.

Per il ripieno
12 cubetti di fiordilatte
1 vasetto di confettura di cipolle rosse di Tropea e Melannurca

Per impanare
farina 00
50 g di uova intere (n. 1)
sale
pangrattato q.b.
olio extravergine d'oliva
olio di semi

TIMBALLINI PROFUMATI AL LIMONE

FARCITI CON FIORDILATTE E CONFETTURA DI CIPOLLE ROSSE DI TROPEA E MELANNURCA

Fate soffriggere leggermente la cipolla nell'olio, unite il riso e fatelo tostare a fuoco basso per circa 1 minuto, rimestando con un cucchiaio di legno. Bagnate con il vino bianco e fate evaporare. Unite il latte bollente, il prezzemolo e la scorza di limone. Lasciate cuocere a fuoco lento, per circa 20 minuti, aggiungendo di tanto in tanto, se necessaria, dell'acqua bollente. A fine cottura il riso dovrà risultare molto asciutto. Togliete la pentola dal fuoco, continuate a rigirare, e dopo circa 2 minuti incorporate le uova precedentemente sbattute con il Caciocavallo grattugiato. Rimestate velocemente con il cucchiaio di legno e lasciate raffreddare a temperatura ambiente.

Con l'aiuto di un coppapasta a forma cilindrica, formate i timballini e inserite al centro di ognuno un cucchiaino di confettura di cipolle rosse di Tropea e Melannurca e un cubetto di fiordilatte.

Spolverate lievemente i timballini con farina, passateli nell'uovo sbattuto salato e poi impanateli nel pangrattato. Friggete gli arancini in una miscela di olio extravergine d'oliva e olio di semi in parti uguali. Una volta dorati, colateli e fateli asciugare su carta assorbente: serviteli caldi su carta paglia con un cucchiaio di confettura e la zeste di limone.

INGREDIENTI PER 10 CALZONCELLI

Per la pasta
250 g di farina 00
5 g di sale
50 g di uova intere (n. 1)
10 g di olio extravergine d'oliva
80 g di acqua
5 g di lievito di birra

Per il ripieno
200 g di ricotta di latte vaccino
200 g di caciotta grattugiata
50 g di rucola
10 g di granella di nocciole tostate di Giffoni
sale
1 vasetto di confettura di cipolle rosse di Tropea e Melannurca

Per la frittura
olio extravergine d'oliva
olio di semi di arachidi

CALZONCELLI RIPIENI

DI CACIOTTA, RUCOLA E CONFETTURA DI CIPOLLE ROSSE DI TROPEA E MELANNURCA

Disponete la farina a fontana: poco per volta inserite il lievito precedentemente sciolto nell'acqua, poi l'olio, l'uovo e il sale. Impastate bene e formate dei piccoli panini del peso di circa 40 g. Lasciateli lievitare per 25 minuti, a temperatura ambiente, coperti con un canovaccio umido. Intanto preparate il ripieno: con un cucchiaio di legno lavorate a crema la ricotta con la caciotta grattugiata. Unite la rucola tagliata finemente, la granella di nocciole, il sale e amalgamate bene.

Con un mattarello schiacciate i panini lievitati formando dei dischi di 8 cm di diametro e 3-4 mm di spessore. Spennellatene il bordo con un po' d'acqua e farcite al centro con il ripieno precedentemente preparato e un cucchiaino di confettura di cipolle rosse di Tropea e Melannurca. Chiudete ogni disco a mezzaluna, facendo pressione sui bordi della pasta e fate ancora lievitare coperti con un canovaccio umido, per circa 40 minuti.

Friggete i calzoncelli in una abbondante miscela di olio extravergine d'oliva e di olio di semi di arachidi in parti uguali a una temperatura di 180 °C rigirandoli su tutti i lati. Scolateli appena dorati e asciugateli su carta assorbente da cucina. Serviteli ben caldi.

Pietro, il pescatore

Compagno di scuola elementare di Salvatore, Pietro Vuolo ha sempre saputo che il suo destino era indissolubilmente legato al mare, a **quelle acque che lambiscono Minori e il cui sciabordio accompagna la vita del paese**. Lo stesso ritmico contrarsi e distendersi del mare che ha scandito la vita del padre che, giunto all'età della pensione, ha preferito la stabilità di un orticello al rollìo di una barca. "Non andrò mai più per mare", dice, quasi a suggerire che il mestiere di pescatore sia un'eredità definitivamente passata al figlio. Alle 3.30 ogni notte Pietro esce solo a bordo della "San Luca" e cala in mare reti chilometriche. **È il momento dell'attesa, che contraddistingue ogni pescatore**. Dopo qualche ora Pietro, con mani consumate da salsedine e vento, issa le reti e rientra in porto. Un lavoro duro e dal guadagno incerto, costantemente costretto a fare i conti con l'urgenza di pescare abbastanza. Proprio la scarsità del guadagno è il motivo che sta progressivamente riducendo il numero di pescatori, non solo a Minori. Il fenomeno purtroppo coinvolge tutta la Costiera, un tempo sede della gloriosa Repubblica marinara i cui fasti si celebrano ogni quattro anni con una storica regata. Pietro intanto continua ad andare al largo e a gettare le reti. Tutto quello che pesca viene scaricato dalla "San Luca" e venduto sul lungomare.

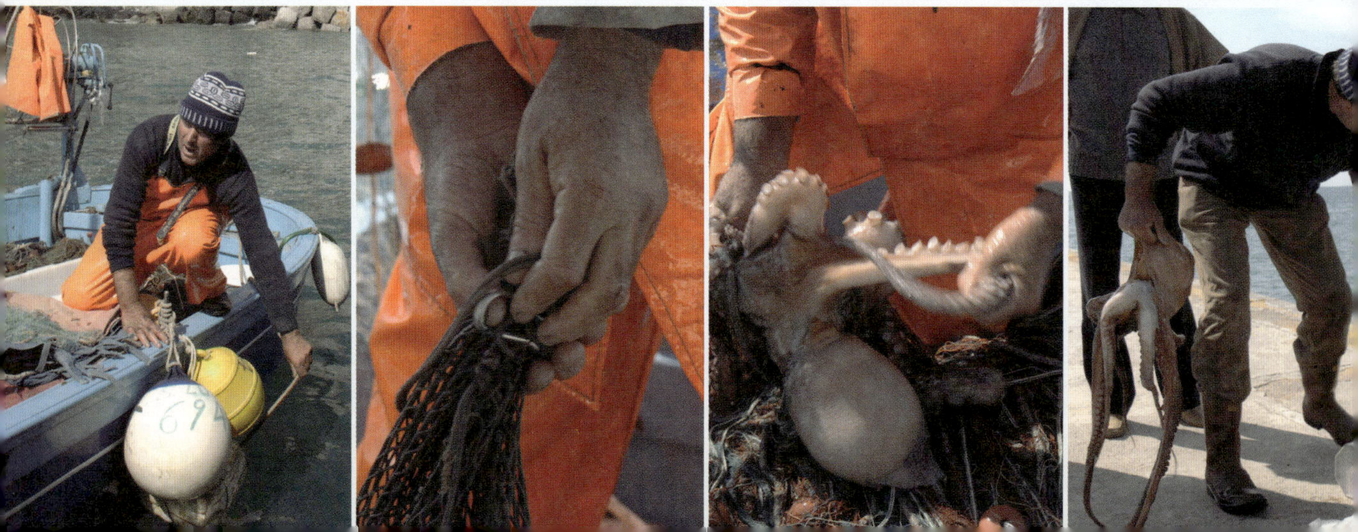

INGREDIENTI PER 6 PERSONE

12 alici di uguale grandezza
60 g di provola affumicata
pangrattato
50 g di uova intere (n. 1)
sale
pepe nero macinato
al momento
farina 00
olio extravergine d'oliva
olio di semi
1 vasetto di confettura
di fragole e peperoni rossi

ALICI RIPIENE

DI PROVOLA AFFUMICATA E CONFETTURA DI FRAGOLE E PEPERONI ROSSI

Aprite, spinate, lavate e asciugate le alici. Disponetene 6 sul piano di lavoro: spolveratele con un pizzico di sale e pepe e al centro adagiate una strisciolina di provola affumicata. Su ognuna di esse sistemate le altre 6 alici dopo averle leggermente inumidite con dell'uovo sbattuto salato.

Pressatele dolcemente con una mano ottenendo 6 piccoli sandwich. Spolverateli su entrambi i lati con un velo di farina, quindi passateli nell'uovo sbattuto salato e poi nel pangrattato. Friggeteli in una miscela di olio extravergine d'oliva e olio di semi in parti uguali e servite le alici ben calde, dopo averne velato la superficie con un cucchiaino di confettura di fragole e peperoni rossi.

INGREDIENTI PER 10 BRIOCHES

125 g di farina 00
6 g di lievito di birra
20 g di burro
20 g di olio extravergine d'oliva
60 g di latte fresco intero
40 g di tuorlo d'uovo (n. 2)
2,5 g di sale
pepe nero macinato al momento
50 g di noci tostate e tritate
5 g di miele millefiori
300 g di scamorza affumicata
50 g di uova intere (n. 1)
1 vasetto di confettura di fragole e peperoni rossi

BRIOCHES SALATE

ALLE NOCI DI SORRENTO CON SCAMORZA AFFUMICATA E CONFETTURA DI FRAGOLE E PEPERONI ROSSI

Per preparare le brioches salate, disponete a fontana la farina setacciata: al centro create una fossetta e incorporate il lievito, precedentemente sciolto nel latte, il miele, il burro, i tuorli d'uovo, l'olio extravergine d'oliva, il sale e il pepe.

Amalgamate poco per volta tutti gli ingredienti e con le mani impastate con forza per circa 5 minuti. Unite le noci tritate finemente e lavorate ancora per qualche minuto. Formate una palla, copritela con un canovaccio umido e fatela lievitare per 40 minuti in un ambiente tiepido.

Poi formate delle piccole brioches di circa 30 g e sistematele, distanziandole, su una placca ricoperta di carta da forno. Lasciatele nuovamente lievitare per 45 minuti coprendole con un canovaccio. Quindi spennellate la superficie delle brioches con l'uovo sbattuto con un pizzico di sale e infornate a 200 °C per 12 minuti. Lasciate intiepidire e poi tagliate ogni brioches a metà: farcitele con 30 g di scamorza affumicata tagliata a lamelle sottili e sopra al formaggio stendete un velo di confettura di fragole e peperoni rossi. Ricomponete ogni brioches e passate in forno a 160 °C per il tempo necessario a far fondere leggermente la scamorza. Servitele ben calde.

INGREDIENTI PER 6 PERSONE

350 g di fiordilatte
di Tramonti
12 foglie di limone Costa
d'Amalfi pulite e lavate
1 limone Costa d'Amalfi
1 vasetto di confettura
di pomodori San Marzano
e pistacchi di Bronte

FIORDILATTE DI TRAMONTI

IN FOGLIE DI LIMONE E CONFETTURA DI POMODORI SAN MARZANO E PISTACCHI DI BRONTE

Tagliate 6 fette di fiordilatte con un'ampiezza leggermente più piccola delle foglie di limone e cospargetele con un pizzico di finissima scorza di limone grattugiata. Racchiudete ogni fetta di fiordilatte tra due foglie di limone: grigliatele su una piastra rovente, su entrambi i lati.

Quindi sistematele su un piatto da portata, alzate la foglia di limone superiore e fermatela con uno stecchino di legno come una vela. Adagiate sulla parte di fiordilatte scoperta un cucchiaio di confettura di pomodori San Marzano e pistacchi di Bronte. Servitele ben calde.

Agostino, il casaro

Un tempo **parte fondamentale dell'economia di Tramonti**, oggi i **caseifici** sparpagliati tra le tredici frazioni che compongono il comune sono poco più di una decina. Quel che il tempo non ha cambiato è però l'importanza fondamentale che nella preparazione dei formaggi riveste il lavoro umano: all'inevitabile progresso tecnologico della lavorazione si accompagna infatti il ruolo imprescindibile dell'**abilità manuale**. Per ottenere latticini di qualità come **la ricotta e il fiordilatte**, che prodotti in Campania raggiungono le tavole di tutta Italia, serve una conoscenza tecnica che ha radici nella tradizione di questa terra, e che non si può improvvisare. **Agostino fa il casaro da sempre**. La sua arte, che proviene dagli avi e viene trasmessa ai figli, è quasi una liturgia: prende la pasta della mozzarella, la ammorbidisce in acqua a 70 °C per poterla lavorare facilmente, la tira per far uscire l'aria. Come spesso accade, **la maestria fa sembrare semplici anche gesti che non lo sono**, e in una manciata di secondi da un filone di pasta di mozzarella prende forma una meravigliosa treccia di fiordilatte. Con la medesima rapidità, ma con ingredienti, temperature e procedimenti diversi, Agostino prepara anche la deliziosa e cremosa **ricotta di Tramonti**. Unisce siero, latte e panna, li porta a 90 °C, poi raccoglie la ricotta ottenuta in fuscelle, gli appositi contenitori tradizionali, e la lascia riposare in cella frigorifera. Non si potrà gustare fino al giorno dopo, quando, spiega Agostino, "sarà più buona". E a parlare non è solo lui, ma **tutta la saggezza racchiusa nella tradizione**.

INGREDIENTI PER 14 PIZZETTE

250 g di farina 00
6 g di sale
20 g di olio extravergine d'oliva
120 g di acqua
8 g di lievito di birra
150 g di mozzarella di bufala tagliata a cubetti
1 vasetto di confettura di pomodori San Marzano e pistacchi di Bronte

Per la frittura
70% strutto
30% olio extravergine d'oliva

PIZZETTE FRITTE

CON MOZZARELLA DI BUFALA E CONFETTURA DI POMODORI SAN MARZANO E PISTACCHI DI BRONTE

Preparate la pasta: setacciate la farina e disponetela a fontana sulla spianatoia. Al centro create una fossetta in cui andrete a inserire il lievito sciolto nell'acqua, l'olio e il sale. Lavorando prima con una forchetta, incorporate poco a poco la farina e poi impastate bene tutti gli ingredienti con le mani, formando quindi dei piccoli panini del peso di circa 30 g. Lasciateli lievitare per 25 minuti, in un ambiente tiepido, coperti con un canovaccio umido.

Trascorso questo tempo, usando le dita, stendete i panini lievitati formando dei dischi di 5-6 cm di diametro e 5 mm di spessore. Fateli nuovamente lievitare per 15 minuti e poi friggeteli nella miscela di olio extravergine d'oliva e strutto a una temperatura di 180 °C. Scolateli con una schiumarola e lasciate intiepidire su un piatto foderato con carta assorbente da cucina. Deponeteli poi su una teglia da forno e al centro adagiate un cucchiaio di confettura di pomodori San Marzano e pistacchi di Bronte e, sopra, ponete un cubetto di mozzarella di bufala. Preparate tutte le pizzette, infornatele a 200 °C per 5-6 minuti e servitele poi subito ben calde.

Il consiglio di Salvatore

Non abbiate timore di usare lo strutto per friggere: non solo dà sapore ai piatti, ma è anche il grasso che apporta meno calorie di qualsiasi altro olio.

Le signore della pasta

Semola di grano duro e acqua in giuste quantità. **Ingredienti semplici, ma che solo se lavorati con mani abili ed esperte si trasformano in meravigliosi tipi di pasta fresca**. La signora Rosa (a sinistra nella foto grande) e la signora Clementina (a destra), zia paterna di Salvatore, preparano con gesti veloci le orecchiette, i fusilli e i cappellini per i pranzi con familiari e amici. Non sono mosse da velleità commerciali, ma dal **piacere di riunirsi in casa, di trasformare il lavoro in cucina in un momento conviviale**. Chiacchierano mentre impastano, scherzano mentre preparano un sugo ai carciofi o un ragù per condire la pasta fresca. La loro è un'arte tipica di Minori, sede sin dai tempi dell'*otium* latino di famosi pastifici e luogo prediletto di una cucina popolare, rimasta fedele a se stessa per secoli. Per celebrarla, ogni anno, nella seconda settimana di settembre, ha luogo "Gusta Minori", ghiotta manifestazione in cui tutta la comunità promuove l'enogastronomia e rispolvera il folklore. Un ponte tra presente e passato, che valorizza l'inestimabile patrimonio naturale e culturale del luogo.

CARTA
—CARTA—

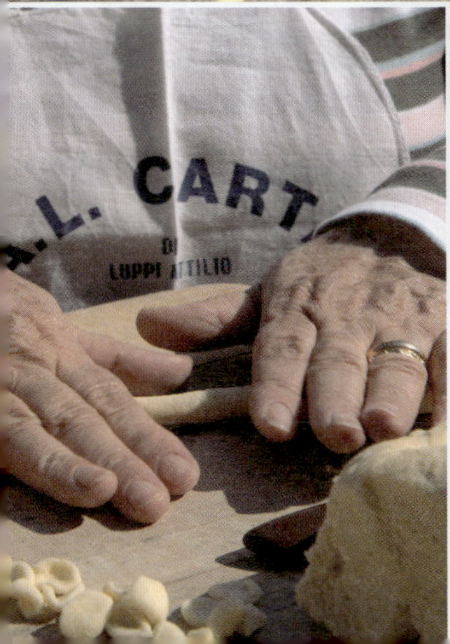
LUPPI ATTILIO

LUPPI ATTILIO

INGREDIENTI PER 6 PERSONE

18 paccheri di Gragnano
360 g di ricotta di Tramonti
(latte vaccino)
300 g di carne di vitello
40 g di cipolla
90 g di vino rosso
Tintore Borgo di Gete
olio extravergine d'oliva
sale
1 vasetto di confettura
di sedano e arance

PACCHERI DI GRAGNANO

FARCITI CON RICOTTA DI TRAMONTI, RAGÙ DI VITELLO AL VINO TINTORE E CONFETTURA DI SEDANO E ARANCE

Cucinate il ragù per farcire i paccheri: soffriggete la cipolla affettata finemente nell'olio extravergine d'oliva, aggiungete la carne di vitello tritata e fate rosolare. Salate e sfumate con il vino: abbassate la fiamma e fate cuocere lentamente per almeno 1 ora. Lasciate intiepidire poi incorporate la ricotta passata al setaccio. Amalgamate bene.

In una pentola con abbondante acqua salata cuocete i paccheri al dente. Scolateli bene e disponeteli poi su un canovaccio pulito. Con un cucchiaino riempite i paccheri con la farcia di ragù e ricotta precedentemente preparata e adagiateli su una teglia da forno unta d'olio. Prima di portarli in tavola, infornateli ricoperti di carta stagnola a 185 °C per 8 minuti. Serviteli caldi accompagnati da confettura di sedano e arance.

INGREDIENTI PER 12 INVOLTINI

2 melanzane
350 g di provolone del Monaco
12 foglioline di basilico fresco
olio extravergine d'oliva
1 vasetto di confettura
di sedano e arance

INVOLTINI DI MELANZANE RIPIENE

DI PROVOLONE DEL MONACO E CONFETTURA DI SEDANO E ARANCE

Affettate le melanzane senza sbucciarle e ricavatene 12 fette: spennellatele di olio extravergine d'oliva e grigliatele su una piastra rovente. Lasciatele intiepidire disponendole su una placca da forno. Sistemate al centro di ogni fetta un rettangolo di provolone di circa 30 g la cui lunghezza coincida con la larghezza della fetta di melanzana. Sopra al formaggio adagiate una foglia di basilico e poi arrotolate ogni fetta formando 12 involtini.

Passate in forno preriscaldato a 200 °C per circa 8 minuti. Poi adagiate sopra ogni involtino un cucchiaino di confettura di sedano e arance e serviteli ben caldi.

INGREDIENTI PER 12 PEZZI

12 dischi di pane integrale
di 6 cm di diametro
12 fettine di mozzarella
di bufala spesse 8 mm
e di 6 cm di diametro
6 filetti di alici salate di Cetara
pulite e tagliate a metà
100 g di uova intere (n. 2)
sale e pepe nero macinato
al momento
20 g di prezzemolo tritato
farina 00

1 vasetto di confettura
di pomodori verdi e limoni

Per friggere
50% olio extravergine d'oliva
50% olio di semi

MOZZARELLA DI BUFALA

IN CARROZZA CON FILETTI DI ALICI DI CETARA E CONFETTURA DI POMODORI VERDI E LIMONI

Tagliate le fettine di pane e di mozzarella. Spolveratele lievemente di farina su entrambi i lati. Sbattete l'uovo con un pizzico di sale e pepe e il prezzemolo tritato. Inumidite un lato della mozzarella nell'uovo, sopra adagiate mezzo filetto di alice salata, quindi la fetta di pane, lasciando l'alice al centro.

Passate nell'uovo sbattuto salato in entrambi i lati e friggete in una miscela di olio extravergine di oliva e olio di semi in parti uguali a 180 °C. Una volta raggiunta la giusta doratura estraetele e mettetele su un piatto foderato con carta assorbente da cucina. Servitele ben calde con sopra un cucchiaino di confettura di pomodori verdi e limoni.

INGREDIENTI PER 8 PERSONE

200 g di uova intere (n. 4)
30 g di Parmigiano Reggiano
10 g di finocchietto selvatico fresco tagliato
200 g di caciocavallo affettato sottile
insalata riccia pulita
sale
1 vasetto di confettura di pomodori verdi e limone

Per la decorazione
10 pomodorini rossi a ciliegina
rametti di finocchietto selvatico

MILLEFOGLIE DI FRITTATA

AL FINOCCHIETTO SELVATICO, CACIOCAVALLO E CONFETTURA DI POMODORI VERDI E LIMONI

Preparate la frittata. Sbattete bene con una forchetta le uova con il Parmigiano Reggiano, il finocchietto selvatico e il sale. Riscaldate una teglia rettangolare di circa 30 x 20 cm, velatela con un filo di olio extravergine d'oliva e versate le uova sbattute. Stendete il composto, muovendo la teglia con le mani, e cuocete in forno a 180 °C per 8 minuti. Lasciate raffreddare e tagliate la frittata in 4 rettangoli uguali.

Disponete un primo strato di frittata e cospargetelo con mezzo cucchiaino di confettura. Farcite con sottili fette di caciocavallo e insalata riccia tagliata a julienne. Completate la millefoglie alternando altri strati di frittata con confettura, caciocavallo e insalata. Pareggiate con un coltello la millefoglie, tagliando perfettamente i bordi, per eliminare eventuali fuoriuscite degli ingredienti. Quindi ritagliate piccoli quadratini e decorate la superficie con un sottile velo di confettura di pomodori verdi e limoni, un pomodorino rosso a ciliegina e dei rametti di finocchietto selvatico fritti in olio extravergine d'oliva.

INGREDIENTI PER 10 CANNONCINI

Per i cannoncini di nocciole
120 g di farina 00
30 g di nocciole di Giffoni tostate e frullate
10 g di vino bianco secco
50 g di uova intere (n. 1)
2 g di zucchero
3 g di sale
50 g di strutto

Per il ripieno
200 g di ricotta di capra
60 g di scamorza affumicata grattugiata
sale e pepe nero macinato al momento
40 g di confettura di pere e limoni

Per la decorazione
1 pomodoro rosso
semi di papavero
fogliolíne di prezzemolo

CANNONCINO DI NOCCIOLE

RIPIENO DI RICOTTA DI CAPRA, SCAMORZA AFFUMICATA E CONFETTURA DI PERE E LIMONI

Preparate i cannoncini. Disponete a fontana la farina miscelata con le nocciole frullate. Inserite al centro l'uovo, lo zucchero, il sale, lo strutto e il vino. Lavorate con forza fino a ottenere un impasto liscio asciutto ed elastico. Lasciatelo riposare per circa 30 minuti in frigorifero avvolto in un canovaccio, poi stendete la pasta a uno spessore di 3 mm e ricavate dei dischi di 6 cm di diametro. Avvolgeteli attorno a forme per cannoli in acciaio, facendo aderire i lembi di pasta dopo averli inumiditi con un po' d'acqua. Cuocete in forno a 180 °C per 15 minuti circa fino a quando saranno ben dorati. Estraeteli, lasciateli raffreddare su un piatto e toglieteli poi dalla forma d'acciaio.

Preparate il ripieno. Raffinate la ricotta di capra in un passaverdura. Unite la scamorza affumicata grattugiata, un pizzico di sale e pepe e la confettura di pere e limoni. Amalgamate bene gli ingredienti. Farcite i cannoncini con l'aiuto di un sac-à-poche da pasticcere a bocchetta liscia del diametro di 10 mm. Decorate con dei semi di papavero, foglioline di prezzemolo e una fettina di pomodoro rosso.

Il consiglio di Salvatore

È importante, quando si usa la ricotta, che il prodotto sia fresco e asciutto: lasciatela in frigo a +4 °C per 12 ore per eliminare il siero in eccesso.

Salvatore
De Riso
PASTICCERIA

INGREDIENTI PER 12 BARCHETTE

Per la pasta brisée
100 g di farina 00
50 g di burro morbido
2 g di sale
50 g di uova intere (n. 1)
5 g di formaggio pecorino grattugiato

Per la crema di ricotta all'erba cipollina
150 g di ricotta di bufala
10 g di erba cipollina tritata
sale
10 g di granella di noci tostate

Per decorare
36 cubetti di pere pennate
1 vasetto di confettura di pere e limoni

BARCHETTA DI PASTA BRISÉE

QUENELLE DI RICOTTA DI BUFALA, CUBETTI DI PERE E CONFETTURA DI PERE E LIMONI

Preparate la pasta brisée: inserite tutti gli ingredienti in un robot da cucina e miscelate per circa 1 minuto. Estraete il composto dal robot, impastate leggermente con le mani e fate riposare in frigorifero per circa 15 minuti avvolto in un canovaccio. Poi con un mattarello stendete la pasta dello spessore di 3 mm e con essa foderate degli stampi a barchetta in alluminio. Cuocete in forno a 170 °C per circa 15 minuti. Lasciate raffreddare a temperatura ambiente.

Preparate la crema di ricotta all'erba cipollina: raffinate la ricotta in un passaverdura, unite l'erba cipollina tritata finemente, la granella di noci e il sale e mantecate bene gli ingredienti.

Farcite ogni barchetta con una quenelle di ricotta, formata con l'aiuto di 2 cucchiai. Sopra adagiate 3 cubetti di pera e infine ricoprite con un cucchiaino di confettura di pere e limoni.

INGREDIENTI PER 6 PERSONE

Per il cubotto
400 g di baccalà pulito, spellato e spinato
3 filetti di acciughe salate di Cetara, lavate e spinate
30 g di olio extravergine d'oliva
300 g di patate pulite e lavate
5 g di capperi
5 g di prezzemolo tritato
400 g di latte fresco intero
sale e pepe nero
100 g di farina di mais
1 uovo intero sbattuto

Per friggere
50% olio extravergine d'oliva
50% olio di semi

Per la decorazione
piccoli bignè all'olio extravergine di oliva (vedi "Bignè all'olio extra e crema di nocciole", pag. 117)
6 filetti di acciughe di Cetara sott'olio
1 vasetto di confettura di agrumi

CUBOTTO DI BACCALÀ

AL PROFUMO DI CETARA E CONFETTURA DI AGRUMI

Iniziate preparando circa 350 g di pasta bignè all'olio extravergine d'oliva. Con un sac-à-poche da pasticcere con bocchetta liscia formate i bignè piccoli quanto una nocciolina e fateli cuocere in forno preriscaldato a 195 °C fino a quando saranno ben dorati.

In una pentola, fate bollire a fuoco lento il latte e aggiungete le patate tagliate a fettine sottili. Fatele cuocere per circa 6 minuti, poi unite il baccalà tagliato a pezzetti, i filetti di acciuga, i capperi, il prezzemolo tritato, l'olio, il sale e il pepe nero. Fate cuocere lentamente e a metà cottura frullate il tutto con un mixer a immersione. Riportate sul fuoco fino a quando il latte sarà completamente assorbito, in modo da ottenere una purea ben densa. A questo punto versatela in stampi monoporzione a cubo in silicone, lasciate raffreddare e ponete in freezer per circa 1 ora. Quando il composto sarà completamente congelato, sformate i cubi e passateli prima nell'uovo sbattuto, poi nella farina gialla. Lasciate scongelare i cubi in frigorifero fino al momento di servire.

Al momento di servire, friggete i cubi nella miscela di olio extravergine e olio di semi in parti uguali fino a farli dorare e poi poneteli su un foglio di carta assorbente. Farcite i piccoli bignè, con l'aiuto di un sac-à-poche con bocchetta liscia di 5 mm, dalla parte inferiore, con confettura di agrumi. Adagiate il cubo fritto di baccalà al centro del piatto, sistemate su un lato i bignè farciti e davanti al cubo, un filetto di acciuga sott'olio. Rifinite il piatto con un cucchiaio di confettura di agrumi.

INGREDIENTI PER 6 PERSONE

3 scarole ricce pulite e lavate
6 filetti di alici di Cetara puliti e spinati
1e½ di spicchio d'aglio pelato
30 g di pinoli
30 g di pistacchi pelati di Bronte
30 g di uvetta sultanina
30 g di capperi
olio extravergine d'oliva
sale

Per la decorazione
1 vasetto di confettura di agrumi

SCAROLA RICCIA RIPIENA
E CONFETTURA DI AGRUMI

Pulite le scarole eliminando le foglie esterne rovinate e, con un coltellino, tagliate la parte scura nella zona inferiore. Aprite le scarole a fiore e inserite al centro di ognuna 2 filetti di alice, mezzo spicchio d'aglio, 10 g di pinoli, 10 g di pistacchi, 10 g di uvetta sultanina, 10 g di capperi e un pizzico di sale. Richiudete ogni scarola e legatela con dello spago per alimenti. Ponete le 3 insalate in una padella e aggiungete un filo di olio extravergine d'oliva e mezzo bicchiere di acqua. Fate cuocere a fuoco lento, coprendo con un coperchio, e, girando di tanto in tanto, controllatene la cottura. Una volta cotte, lasciatele intiepidire e, al momento di servire, eliminate lo spago. Adagiate ogni scarola al centro di un piatto e guarnite con un cucchiaio di confettura di agrumi.

Il consiglio di Salvatore

Per esaltare al massimo il sapore di questo piatto, che è una ricetta originale di mia madre Carmela, vi consiglio di prepararlo il giorno prima del suo consumo.

INGREDIENTI PER 15 BABÀ

130 g di farina 00
70 g di burro
20 g di miele d'acacia
3 g di sale
8 g di lievito di birra
150 g di uova intere (n. 3)
30 g di Parmigiano Reggiano grattugiato
60 g di salame "tipo Napoli" tagliato a dadini
60 g di provolone piccante tagliato a dadini
5 g di prezzemolo tritato finemente
pepe nero macinato al momento

Per la bagna

1 vasetto di confettura a piacere (vedi pagg. 122-123)

BABÀ MASANIELLO

Su un piano di lavoro setacciate la farina a fontana e nel centro create una fossetta. Sciogliete il lievito in 20 g di acqua e inseritelo al centro insieme con il miele, il sale, il Parmigiano Reggiano, il prezzemolo e il pepe. Con una forchetta formate una pastella e iniziate a incorporare le uova, una per volta, facendo assorbire, poco alla volta, la farina. Quando questa sarà del tutto assorbita, aggiungete il burro morbido e lavorate con le mani per circa 10 minuti. Alla fine, l'impasto dovrà risultare elastico, liscio e leggero. Aggiungete il salame e il provolone e impastate ancora per 1 minuto. Quindi formate delle palline della dimensione di una noce e adagiatele in bicchierini di alluminio, precedentemente imburrati. Lasciate lievitare la pasta fino all'orlo dei bicchierini e poi infornate a 200 °C per 12-15 minuti. Quando i babà avranno un bel colore dorato, tirateli fuori dal forno e lasciateli raffreddare nel loro stampino.

Intanto preparate la bagna: a fuoco molto basso diluite con qualche cucchiaio di acqua una delle confetture a vostro piacere e rimestando fate bollire fino a ottenere la consistenza di uno sciroppo. Lasciate intiepidire. Inzuppate i babà e servite.

I miei cin cin

Prosit, à votre santé, cheers, salud, cin cin: si potrebbe continuare in tutte le lingue a ricordare le espressioni augurali legate ai brindisi. Nelle otto interpretazioni che Salvatore propone, il nostro "alla salute" va alle squisite sensazioni che questo nuovo tipo di dessert sa offrire al palato, in grado di condensare in una coppa diverse consistenze, dal morbido al croccante, e anche diverse temperature, dal caldo al gelato. Le ricette che troverete sono facili e possono essere preparate in anticipo: se avete una cena tra amici potete dedicarvi a questi dolci bicchierini fin dal giorno prima e riporli in frigorifero in attesa di servirli. In alcuni casi Salvatore consiglia di usare la tecnica dell'abbattimento con il freddo (mettendo nel congelatore) per solidificare i vari strati di creme e ottenere così un miglior effetto cromatico.

INGREDIENTI PER 6 BICCHIERI

Per il croccantino alle nocciole e finocchietto
30 g di cioccolato al latte
30 g di cioccolato gianduia
20 g di scaglie di wafer
20 g di granella di nocciole tostate
5 g di olio extravergine d'oliva
1 g di semi di finocchietto selvatico ridotti in polvere

Per la crema pasticcera al cioccolato
100 g di latte fresco intero
45 g di panna fresca liquida 35% M.G.
40 g di tuorlo d'uovo (n. 2)
45 g di zucchero
15 g di amido di mais
½ baccello di vaniglia
1 g di sale
38 g di cioccolato fondente al 70%
40 g di panna montata zuccherata

Per la crema di castagne al naturale
190 g di castagne sgusciate e pelate
25 g di burro a temperatura ambiente
90 g di zucchero
3 foglie di alloro
25 g di liquore "Ricordi" Sal De Riso all'alloro
1 pizzico di sale

Per la decorazione
90 g di panna montata zuccherata
6 marroni canditi
cacao amaro in polvere

PECCATO DI GOLA

Per il croccantino, spezzettate il cioccolato al latte e il cioccolato gianduia; fondeteli a bagnomaria fino a una temperatura di 40 °C. Estraeteli dal bagnomaria, aggiungete i rimanenti ingredienti e amalgamate bene. Con una spatola stendete il composto a uno spessore di 5-6 mm su un foglio di carta da forno di 25 x 30 cm. Lasciate asciugare e indurire a temperatura ambiente.

Per la crema pasticcera al cioccolato, portate a ebollizione il latte con la panna liquida e il baccello di vaniglia. A parte, in un tegame, montate i tuorli con lo zucchero, poi unite l'amido e il sale. Incorporate gradualmente il latte e la panna bollenti e completate la cottura portando la crema a circa 82 °C, quindi scioglietevi il cioccolato fondente spezzettato. Mescolando con un cucchiaio di legno, raffreddate la crema velocemente in un bagnomaria di acqua fredda e poi incorporate la panna montata.

Per la crema di castagne, lessate le castagne in acqua, sale e foglie di alloro. Sbucciatele e passatele al setaccio per ottenerne una purea; amalgamando bene, aggiungete lo zucchero, il burro e il liquore. Infine, sbriciolate a pezzettini il croccantino e suddividetelo sul fondo di ogni bicchiere. Ricoprite con la crema al cioccolato e ponete in freezer per circa 1 ora. Dopo, adagiate uno strato di circa 1 cm di panna montata zuccherata e rimettete il bicchiere in freezer per almeno 30 minuti. Con l'aiuto di un sac-à-poche completate il dolce con un ciuffo liscio di crema di castagne. Spolverate la superficie con cacao in polvere e decorate il bicchiere con un marrone candito. Lasciate in frigorifero fino al momento di servire.

Il consiglio di Salvatore

Raffreddare velocemente la crema pasticcera evita la formazione di grumi e di cariche batteriche. È fondamentale lasciar raffreddare bene le creme tra uno strato e l'altro affinché non si miscelino tra loro, perdendo così l'effetto di stratificazione.

Una vigna Reale

Situata in una delle valli interne dei Monti Lattari, **Tramonti è un angolo di paradiso**, un luogo speciale dove il clima, costantemente rinfrescato dal vento, è mite tutto l'anno.

È in questo contesto, nella frazione di Tramonti denominata Gete, che ha sede l'Azienda Agricola Reale. **Coronamento della dedizione di una famiglia con alle spalle un'esperienza trentennale in campo agricolo**, l'Azienda è una realtà fortemente legata al territorio.

Getis, Borgo di Gete, Cardamone e Aliseo, fiori all'occhiello della produzione vinicola dell'Azienda, sono infatti ottenuti da uve autoctone: sono i frutti di una lavorazione che non concede nulla all'automatizzazione e alla serializzazione, anche a costo di limitare la produzione ad alcune migliaia di bottiglie.

Una scelta legata alla conduzione strettamente familiare, che non ha però impedito a Luigi Reale di far apprezzare la qualità dei propri vini al vasto pubblico, anche attraverso la costante partecipazione al Vinitaly, la più importante fiera di settore a livello nazionale.

Nelle fotografie di destra, si vede il padre di Luigi, il signor Andrea, mentre con gesti ricchi di sapienza cura la sua vigna durante l'inverno: con il salice trattenuto nella cinta, lega la vite ai sostegni di legno. Le **piante secolari** in questa stagione dimostrano la loro vitalità grazie alla goccia che esce dalle cime tagliate: "Piange," sostengono entrambi, "si dice che la vite piange ed è proprio così che dimostra di essere viva".

INGREDIENTI PER 8 PERSONE

Per il pan di Spagna speziato
150 g di uova intere (n. 3)
75 g di zucchero
40 g di farina 00
30 g di cacao amaro in polvere
20 g di cioccolato fondente fuso
1 g di pisto napoletano in polvere (miscela di spezie: cannella, chiodi di garofano, cardamomo)

Per la composta alle prugne e al vino rosso Cardamone
50 g di zucchero
50 g di vino rosso Cardamone
5 g di succo di limoni Costa d'Amalfi
⅓ di baccello di vaniglia
1 pizzico di cannella
3 chiodi di garofano
65 g di prugne secche snocciolate
50 g di prugne fresche pulite

Per la crema bavarese alle prugne e al vino Cardamone
150 g di latte fresco intero
40 g di tuorlo d'uovo (n. 2)
60 g di zucchero
3 g di gelatina
150 g di confettura di prugne al vino
130 g di panna semimontata zuccherata

Per la gelatina al vino brûlé
250 g di vino rosso Cardamone
1 stecca di cannella
1 g di chiodi di garofano
scorza di ½ limone Costa d'Amalfi
⅓ di baccello di vaniglia
80 g di zucchero
5 g di gelatina

CARDAMONE

Preparate il pan di Spagna. Montate con un frustino elettrico le uova con lo zucchero per circa 10 minuti. A parte, setacciate il cacao, la farina e il pisto napoletano sopra un foglio di carta da forno. Sciogliete a bagnomaria il cioccolato fondente. Unite alle uova montate, con una spatola, amalgamando dal basso verso l'alto, la miscela di farina e cacao. Infine, incorporate il cioccolato fondente a filo. Miscelate il composto e versatelo in una tortiera precedentemente imburrata e infarinata di 22 cm di diametro e 4 cm di altezza. Cuocete in forno già caldo a una temperatura di 170 °C per circa 20 minuti. Lasciate intiepidire il pan di Spagna a temperatura ambiente e sformatelo dalla tortiera. Tagliate a metà il pan di Spagna in senso orizzontale e, con l'aiuto di un coppapasta, formate 16 dischi dello stesso diametro del bicchiere.

Preparate la composta. Riunite in una pentola tutti gli ingredienti, tranne il succo di limone. Fate bollire a fuoco lento fino ad arrivare a una temperatura di 103 °C. Unite il succo di limone e, dopo circa 1 minuto, versate la composta in una ciotola d'acciaio e lasciatelo raffreddare a temperatura ambiente.

Per la crema bavarese, in una casseruola miscelate i tuorli d'uovo e lo zucchero. Unite il latte e fate cuocere fino a 80 °C per circa 20 secondi. Aggiungete la gelatina precedentemente messa a bagno in acqua fredda e infine la composta di prugne e vino. Emulsionate il tutto con un mixer a immersione per circa 1 minuto. Lasciate raffreddare la crema fino a una temperatura di 25 °C. Unite la panna zuccherata semimontata miscelando con un frustino.

Preparate la gelatina al vino. Riunite tutti gli ingredienti in un pentolino e fate bollire per 3 minuti a fuoco basso. Unite la gelatina precedentemente messa a bagno in acqua fredda. Lasciate raffreddare fino a una temperatura di 30 °C e poi filtrate attraverso un colino.

Componete il dolce. Sul fondo di un bicchiere a calice adagiate un disco di pan di Spagna al cioccolato speziato. Sopra colate circa 40 g di crema bavarese alle prugne e al vino. Quindi sistemate un altro disco di pan di Spagna in modo da farlo aderire al bordo del bicchiere. Lasciate raffreddare in freezer per circa 20 minuti.

Dopo questo tempo, versate un altro strato di crema bavarese spesso circa 1,5 cm. Riponete il bicchiere nel freezer per circa 30 minuti. Terminate il calice con la gelatina al vino brûlé ancora liquida, ottenendo una stratificazione precisa. Decorate il bicchiere con una stecca di cannella e una stella d'anice e ponetelo in frigorifero a +4 °C fino al momento di servire.

Un incredibile angolo di vegetazione all'ingresso di una cappella rupestre scavata nella roccia, a Tramonti, nella frazione di Gete.

INGREDIENTI PER 1 LITRO

7-8 limoni Costa d'Amalfi
1000 g di alcol
1000 g di acqua
750 g di zucchero

IL LIMONCELLO

Sbucciate con cura i limoni, stando attenti ad asportare solo la parte gialla, e mettete tutte le bucce nell'alcol per 48 ore in un recipiente perfettamente pulito. Sigillatelo accuratamente e conservatelo a temperatura ambiente in luogo buio.

Passato il tempo necessario, sciogliete lo zucchero nell'acqua e mescolatè lo sciroppo così ottenuto con l'infuso conservato in barattolo da cui avrete tolto le bucce. Lasciate riposare il tutto per almeno 24 ore e quindi filtrate. Conservate il limoncello in bottiglie ben tappate e consumate a temperatura ambiente o freddo, a piacere.

La lavorazione artigianale dei limoni porta alla creazione del limoncello, come Gino sapientemente ci mostra.

Il consiglio di Salvatore

Ho pensato questo dolce per le persone intolleranti a glutine, latte e suoi derivati, uova e suoi derivati, e frutta secca (mandorle, noci, nocciole, ecc.).

INGREDIENTI PER 6 BICCHIERI

Per la pasta frolla alla fragola
110 g di strutto
40 g di olio extravergine d'oliva
100 g di zucchero
50 g di polpa di fragole
3 g di sale
250 g di farina di riso

Per il risotto dolce alle fragole
200 g di acqua
40 g di zucchero
½ limone Costa d'Amalfi
15 g di liquore Strega
60 g di riso (tipo Roma)
150 g di fragole pulite

Per la crema di ricotta di capra
150 g di ricotta di capra
60 g di zucchero
½ baccello di vaniglia

Per le gelatine di frutta fresca (fragole, pesche, albicocche ecc.)
60 g di polpa di frutta frullata
15 g di zucchero
3 g di gelatina in fogli
succo di limone q.b.

CAROSELLO DI FRUTTA

Preparate la pasta frolla. Ponete tutti gli ingredienti in un robot da cucina e azionatelo per qualche minuto. Con un mattarello stendete l'impasto ottenuto su un foglio di carta da forno a uno spessore di 5 mm e trasferitelo in freezer per almeno 10 minuti. Quindi, con un coltellino affilato, riducetelo a cubetti; poi, adagiato su una placca, infornate a 180 °C per 18 minuti circa, finché assumerà un colore dorato chiaro.

Intanto, in una pentola, fate bollire l'acqua, la scorza di limone e il liquore. Versate il riso, lasciandolo a fine cottura abbastanza asciutto. Unite 100 g di polpa di fragole precedentemente frullate e amalgamatela affinché il risotto risulti cremoso. Incorporate 50 g di fragole rimaste, ridotte a dadini, e lo zucchero e raffreddate velocemente il riso in un bagnomaria d'acqua fredda. Per la crema di ricotta, con l'aiuto delle fruste elettriche, lavorate a crema la ricotta con lo zucchero e la vaniglia.

Preparate le gelatine di frutta il giorno prima: ammollate la gelatina in acqua fredda, poi scioglietela in un pentolino a bagnomaria. Una volta sciolta, aggiungete lo zucchero, la polpa di frutta e qualche goccia di limone. Colate la gelatina di frutta in piccole semisfere, meglio in stampi flessibili, e ponetele in freezer.

Infine, componete il dessert. Suddividete i cubetti di pasta frolla nei 6 bicchieri, adagiate sopra il risotto alle fragole e poi uno strato di ricotta. Lasciate raffreddare in frigorifero e, al momento di servire, decorate la superficie con le palline di gelatina di frutta in diversi colori e sapori.

INGREDIENTI PER 6 BICCHIERI

Per il pan di Spagna alle mandorle e pistacchio
100 g di uova intere (n. 2)
55 g di zucchero
55 g di farina 00
20 g di pistacchi di Bronte sgusciati e pelati
10 g di mandorle dolci pelate
20 g di burro

Per la bavarese al pistacchio di Bronte
125 g di latte fresco intero
40 g di tuorlo d'uovo (n. 2)
35 g di zucchero
3 g di gelatina in fogli
40 g di pasta di pistacchio di Bronte
125 g di panna montata zuccherata

Per la bavarese al cioccolato
100 g di latte fresco intero
40 g di tuorlo d'uovo (n. 2)
60 g di zucchero
80 g di cioccolato fondente al 70%
100 g di panna montata zuccherata

Per il cioccolatino al pistacchio croccante
60 g di cioccolato bianco
25 g di pasta di pistacchio di Bronte
15 g di granella di pistacchio tostata
15 g di corn flakes sbriciolati

SMERALDO DI BRONTE

Preparate il pan di Spagna. Con le fruste elettriche montate le uova assieme allo zucchero per 10 minuti fino a ottenere un composto gonfio e spumoso. Unite poco per volta, con una spatola, la farina setacciata e poi le mandorle e i pistacchi precedentemente tritati finemente in un frullatore. Aggiungete il burro precedentemente fuso e colate l'impasto in stampi semisferici flessibili di 3 cm di diametro. Cuocete in forno a 170 °C per circa 10 minuti.

Per la bavarese al pistacchio, in un tegame sbattete con la frusta a mano i tuorli con lo zucchero e incorporate delicatamente la pasta di pistacchio e il latte fresco. Ponete a fuoco basso e cuocete a 80 °C e stemperate la gelatina precedentemente ammollata in acqua fredda e strizzata. Togliete subito la pentola dal fuoco e immergetela in un bagnomaria di acqua fredda per bloccare la cottura. Quando la crema avrà la temperatura di 28 °C, aggiungete la panna montata zuccherata.

Preparate la bavarese al cioccolato. Con una frusta a mano miscelate in un tegame i tuorli con lo zucchero e il latte. Ponete su fuoco basso e cuocete a 80 °C. Incorporate poi il cioccolato fondente spezzettato ed emulsionate brevemente con un mixer a immersione e lasciate raffreddare. Infine incorporate la panna montata zuccherata.

Per il cioccolatino al pistacchio, sciogliete il cioccolato bianco a bagnomaria, unite la pasta di pistacchio, la granella e i corn flakes. Amalgamate bene, stendete su un foglio di carta da forno e ricoprite con un altro foglio. Con un mattarello assottigliate il composto a uno spessore di circa 3 mm e poi lasciate indurire a temperatura ambiente. Quindi togliete il foglio di carta inferiore e ritagliate dei quadratini di circa 4 cm di lato.

Per comporre il dolce, sistemate sul fondo di ogni bicchiere una cupola di pan di Spagna alle mandorle e pistacchio. Quindi versate la bavarese al pistacchio fino a metà bicchiere. Lasciate raffreddare in freezer per circa 1 ora e poi colmate con la bavarese al cioccolato. Riponete ancora per 30 minuti in freezer, per poi lasciarlo in frigorifero fino al momento di servire. Decorate infine il dolce con un cioccolatino croccante e un cucchiaio di granella di pistacchi tostati.

Ancora oggi i limoni, dopo essere stati raccolti manualmente sui terrazzamenti che si inerpicano lungo la Costiera, vengono trasportati a spalla in ceste di oltre 60 kg.

INGREDIENTI PER 8 PERSONE

Per la gelée all'arancia
250 g di succo d'arance rosse
50 g di zucchero
6 g di gelatina in fogli

Per la crema ai fichi neri e formaggio
100 g di latte fresco intero
100 g di panna fresca liquida
35 g di amido di riso
40 g di zucchero
80 g di tuorlo d'uovo (n. 4)
75 g di formaggio morbido cremoso
175 g di polpa di fichi neri
200 g di panna zuccherata montata

Per il pan di Spagna al pistacchio
100 g di uova intere (n. 2)
60 g di zucchero
30 g di farina 00
25 g di fecola di patate
25 g di pistacchi di Bronte
15 g di pasta di pistacchio di Bronte
½ baccello di vaniglia

SOLE D'AGOSTO

A fuoco basso sciogliete, in un pentolino, la gelatina precedentemente ammollata in acqua fredda e strizzata e mescolando bene con un cucchiaio di legno aggiungete il succo d'arancia a temperatura ambiente e lo zucchero. Colate in stampi semisferici flessibili di 3 cm di diametro e riponete in freezer. Preparate la crema ai fichi e formaggio. In un tegame sciogliete l'amido di riso nella miscela di latte e panna: incorporate i tuorli precedentemente sbattuti con lo zucchero, il formaggio e la polpa di fichi frullata. Cuocete la crema a fuoco basso fino a 92 °C e poi lasciatela raffreddare in una teglia larga, coprendola con una pellicola trasparente. Infine incorporate la panna montata.

Per il pan di Spagna al pistacchio, in una terrina con le fruste elettriche montate le uova, lo zucchero, la pasta di pistacchio e i semi di vaniglia per 10 minuti fino a quadruplicare il volume del composto. A parte, nel bicchiere del mixer, frullate i pistacchi con la farina e la fecola e poi, usando una spatola, unite delicatamente la polvere ottenuta al composto di uova montate. In una teglia imburrata e infarinata di 22 cm di diametro stendete il pan di Spagna spesso 1 cm e infornate a 170 °C per 12 minuti.

Componete il dessert: deponete sul fondo di ogni bicchiere un disco di pan di Spagna al pistacchio. Sopra create uno strato di 2,5 cm di crema ai fichi e poi adagiatevi un altro disco di pan di Spagna. Versate un altro strato di crema spesso 1 cm. Infine, sformate le semisfere di gelée all'arancia e sistematele al centro di ciascun bicchiere. Decorate con granella di pistacchio e servite a una temperatura di +4 °C.

INGREDIENTI PER 6 BICCHIERI

Per la schiuma al cioccolato
40 g di tuorlo d'uovo (n. 2)
20 g di zucchero
90 g di albume d'uovo (n. 3)
45 g di cioccolato al latte al 40%
10 g di cioccolato fondente al 55%

Per la crema profumata al mandarino
40 g di tuorlo d'uovo (n. 2)
100 g di panna fresca
25 g di marmellata di mandarino
20 g di zucchero
½ baccello di vaniglia
3 g di gelatina in fogli
10 g di liquore al mandarino "Sinfonie" Sal De Riso

Per la gelatina al mandarino
100 g di succo di mandarino
20 g di zucchero
1 g di gelatina
10 g di liquore al mandarino "Sinfonie" Sal De Riso
1 g di pectina
10 gocce di succo di limone

Per il fondo al mandarino
150 g di marmellata di mandarino

MANDARÌ

In ogni bicchiere deponete uno strato di circa 5 mm di marmellata di mandarino. Per la schiuma al cioccolato, sciogliete a bagnomaria i due tipi di cioccolato fino a 40 °C. In una scodella montate il tuorlo con 10 g di zucchero e a parte, in un'altra ciotola, gli albumi con lo zucchero rimasto. Unite i tre composti, smontate leggermente con una frusta (per far uscire l'eventuale eccessiva aria incorporata) e poi versate subito nei 6 bicchieri già predisposti. Infornateli e cuoceteli a 170 °C per circa 12 minuti. Estraete e lasciate raffreddare a temperatura ambiente.

Preparate la crema al mandarino. In una casseruola sbattete a mano i tuorli con lo zucchero, aggiungete la panna, la vaniglia, la marmellata di mandarino e amalgamate bene. Cuocete a fuoco basso fino a 82 °C; quindi incorporate la gelatina, precedentemente ammollata in acqua fredda e strizzata. Lasciate raffreddare e poi unite il liquore. Per la gelatina al succo di mandarino, in un pentolino, miscelate lo zucchero con la pectina e la metà del succo di mandarino. A fuoco basso, bollite per 1 minuto e aggiungete il succo di limone e la gelatina ammollata. Dopo aver lasciato raffreddare, unite il rimanente succo di mandarino e il liquore.

Infine, completate i dessert: nei bicchieri ormai raffreddati suddividete la crema profumata al mandarino e poneteli in freezer per circa 2 ore. Poi finite con uno strato di 5 mm di gelatina al mandarino. Raffreddate in frigorifero a +4 °C per 20 minuti e decorate con uno spicchio di mandarino.

INGREDIENTI PER 8 PERSONE

Per il cake al cioccolato speziato
45 g di mandorle dolci pelate e tritate finemente
30 g di zucchero
60 g di tuorlo d'uovo (n. 3)
50 g di uova intere (n. 1)
90 g di albume d'uovo (n. 3)
70 g di zucchero a velo
20 g di farina 00
10 g di cacao amaro in polvere
1 g di "pisto napoletano" (miscela di cannella, chiodi di garofano, coriandolo ecc.)
20 g di burro
20 g di cioccolato fondente al 70%

Per le ciliegie al kirsch
500 g di ciliegie denocciolate
150 g di zucchero
12 g di amido di mais
50 g di kirsch

Per la crema al cioccolato amaro
100 g di cioccolato fondente al 70% spezzettato
100 g di panna fresca liquida
100 g di panna montata zuccherata

Per la mousse alle ciliegie
160 g di ciliegie al kirsch con il loro succo
30 g di albume d'uovo (n. 1)
30 g di zucchero
100 g di panna montata
4 g di gelatina in fogli

CERASELLE

In una terrina sbattete per 10 minuti l'uovo, i tuorli, lo zucchero e le mandorle con le fruste elettriche. A parte montate a neve gli albumi con lo zucchero a velo. Setacciate la farina con il cacao e il "pisto". In un bagnomaria caldo sciogliete il burro con il cioccolato. Amalgamate delicatamente al composto iniziale le altre preparazioni, alternando albume montato con farina e, infine, cioccolato e burro fusi. Versate in una tortiera imburrata e infarinata all'altezza di 1 cm e infornate a 170 °C per 25 minuti.

Preparate le ciliegie al kirsch: in una casseruola miscelate l'amido con lo zucchero, aggiungete le ciliegie e fate sobbollire per 3 minuti, poi incorporate il kirsch. Per la crema al cioccolato, bollite la panna per 10 secondi e versatela sul cioccolato, posto in un recipiente: emulsionate con una frusta a mano fino a ottenere una crema liscia e lucida. Quando avrà raggiunto 26 °C, con una spatola, poco per volta, aggiungete la panna montata. Per la mousse alle ciliegie, in una ciotola montate l'albume con lo zucchero. In un pentolino sciogliete la gelatina ammorbidita in acqua fredda e versatela a filo nell'albume, continuando a montare con le fruste elettriche. Dalle ciliegie preparate, prelevatene 160 g e frullatele con il loro succo. Unite poi la panna montata e delicatamente l'albume montato. Per comporre i dessert, prima mettete da parte 18 ciliegie al kirsch intere e poi frullate le rimanenti con il loro succo. Tagliate a cubetti il cake speziato e deponetelo sul fondo di ogni bicchiere. Adagiatevi 3 ciliegie intere e colate la crema al cioccolato fino a un terzo del bicchiere. Farcite con uno strato di mousse alla ciliegia. Raffreddate in freezer per 1 ora e poi versate 5 mm di succo di ciliegie frullate. Lasciate in frigorifero fino al momento di servire.

INGREDIENTI PER 6 PERSONE

Per il pan di Spagna
100 g di uova intere (n. 2)
60 g di zucchero
30 g di farina 00
25 g di fecola di patate
25 g di mandorle dolci pelate
1 limone Costa d'Amalfi
⅓ di baccello di vaniglia
Per la bagna alla vaniglia
⅓ di baccello di vaniglia
50 g di zucchero
30 g di liquore alla vaniglia
50 g di acqua
1 limone Costa d'Amalfi
Per la bavarese alla vaniglia
80 g di latte fresco intero
80 g di panna fresca liquida
40 g di tuorlo d'uovo (n. 2)
50 g zucchero
⅓ di baccello di vaniglia
1 limone Costa d'Amalfi
2 g di gelatina in fogli
150 g di panna fresca semimontata zuccherata
Per la salsa alle fragole
300 g di fragole
80 g di zucchero
25 g di succo di limone Costa d'Amalfi
6 g di gelatina in fogli

FRAGOLATA

Incominciate preparando il pan di Spagna. Con le fruste elettriche montate le uova con lo zucchero, il limone grattugiato e la vaniglia per 10 minuti fino a quadruplicarne il volume. Nel mixer frullate le mandorle con la farina e la fecola. Incorporate poco per volta alle uova montate, con l'aiuto di una spatola, la miscela di polveri. Mescolate delicatamente e stendete il pan di Spagna spesso 1 cm, in una teglia imburrata e infarinata di 22 cm di diametro. Infornate a 170 °C per 12 minuti.

Per la bagna alla vaniglia, in un pentolino fate bollire per 1 minuto l'acqua con lo zucchero, il baccello di vaniglia aperto e la scorza di limone. Lasciate raffreddare a temperatura ambiente, aggiungete il liquore e infine filtrate.

Ora preparate la bavarese. Aprite il baccello di vaniglia e mettetelo in una casseruola con il latte, la panna liquida e la scorza di limone: portata a ebollizione per 30 secondi. A parte, sbattete i tuorli con lo zucchero, fino a quando il composto si schiarisce e poi versate il preparato a base di latte e panna sulle uova, mescolando energicamente. Rimettete il tutto nella casseruola e rimestando con un cucchiaio di legno cuocete la crema fino a 80 °C. A questo punto incorporate la gelatina precedentemente ammorbidita in acqua fredda e raffreddate fino a 28 °C. Ora, con movimenti delicati, unite la panna semimontata zuccherata.

Per la salsa alle fragole, frullate le fragole con lo zucchero e il succo di limone. In un pentolino a fuoco basso con due cucchiai d'acqua sciogliete la gelatina ammorbidita in acqua fredda e poi incorporatela al frullato di fragole e zucchero.

Ora prendete i bicchieri, sistemate sul fondo di ciascuno un disco di pan di Spagna e inzuppatelo con la bagna alla vaniglia. Sopra, create uno strato di circa 1,5 cm di bavarese alla vaniglia e fate raffreddare in freezer per 30 minuti. Dopo, versate circa 50 g di salsa di fragole in ciascun bicchiere e riponeteli in freezer fino a rapprendersi. Disponete un nuovo strato di bavarese alla vaniglia e riponete in freezer per altri 30 minuti. Infine, velate con un sottile strato di salsa alle fragole e decorate a vostro piacere con panna montata, fragole fresche e foglioline di menta. Servite il dolce ad una temperatura di +4 °C.

Non solo tradizioni gastronomiche,
ma anche religiose. A Minori ogni anno
durante la Settimana Santa processioni
e canti tradizionali dei "battenti".
Significativa e suggestiva in particolare
quella del Venerdì Santo.

Per far festa

Avete mai osservato lo sguardo di un bambino davanti alla vetrina di una pasticceria? Quei suoi occhi teneri e insieme vogliosi sono il suggello più ambito per chi ha creato quei dolci. Rappresentano il compenso migliore della fatica di un pasticcere che incomincia all'alba la sua giornata di lavoro in laboratorio e la termina a notte fonda nel suo negozio. Ma anche per chi si cimenta nell'arte dolciaria in casa, l'applauso dei più piccoli durante una festa con gli amici sarà la gratificazione più grande dell'impegno per realizzare una ricetta.

Mordi e lecca, *Golosotti*, *Ciambelle*, *Zeppole* e *Tortelli alla frutta* sono da sempre usati nelle occasioni tradizionali. Il dolce rappresenta il sapore dell'infanzia, il gusto primario che impariamo a conoscere fin dal latte materno e quindi è inevitabile che i bambini amino questi dessert colorati, allegri, piacevoli fin dal nome, come la *Torta Gioia*.

INGREDIENTI PER 16 ZEPPOLE

Per le amarene sciroppate
500 g di amarene pulite e denocciolate
500 g di zucchero
½ limone Costa d'Amalfi

Per la crema pasticcera
350 g di latte fresco intero
150 g di panna liquida
180 g di tuorlo d'uovo (n. 9)
150 g di zucchero
40 g di amido di mais
2 g di sale
½ limone Costa d'Amalfi
½ baccello di vaniglia

Per la pasta bignè
250 g di acqua
100 g di burro
6 g di sale
250 g di farina 00
400 g di uova intere (n. 8)

Per friggere
70% olio di semi di arachidi
30% di strutto

ZEPPOLE DI SAN GIUSEPPE

Preparate con un giorno di anticipo le amarene sciroppate: in un capiente tegame fate macerare la frutta con lo zucchero e il succo di limone per 6 ore in frigorifero. Poi a fuoco moderato, cuocetele per 8-10 minuti. Lasciatele a temperatura ambiente, nel loro succo di cottura, fino al giorno successivo. Per la crema pasticcera, fate bollire il latte con la panna e la scorza di limone. Incidete longitudinalmente il baccello di vaniglia e ricavatene la polpa di semini neri. A parte sbattete i tuorli con lo zucchero e la polpa di vaniglia, poi incorporate l'amido e il sale. Filtrate il latte caldo versandolo sui tuorli. Rimettete il tutto nella casseruola e, mescolando a fuoco basso, portate a cottura fino a circa 82 °C. Versate velocemente la crema su una teglia di acciaio, lasciate raffreddare e conservate in frigorifero a +4 °C.

Per la pasta bignè, a fuoco basso portate a ebollizione l'acqua con il burro e il sale, poi togliete dal fuoco, incorporate la farina setacciata e cuocete qualche minuto a fuoco lento rimestando con un cucchiaio di legno. Lasciate intiepidire in un contenitore largo e aggiungete tutte le uova in un colpo solo. Lavorate il composto con le fruste elettriche fino a renderlo liscio e omogeneo. Con la tasca da pasticcere (bocchetta riccia di diametro 12 mm) formate delle ciambelle, le zeppole, direttamente su un piccolo foglio di carta da forno di 15 x 20 cm precedentemente unto. Quindi friggete in olio bollente a 180 °C, rovesciando direttamente il foglio nell'olio, fino a quando la zeppola si staccherà dalla carta, si gonfierà e si dorerà. Scolatele e lasciatele raffreddare su carta assorbente da cucina. Con un sac-à-poche con bocchetta riccia farcite ogni zeppola con crema pasticcera, spolverate di zucchero a velo e servite con amarene sciroppate.

Il consiglio di Salvatore

Quando la crema pasticcera è ancora calda, ricopritela con una pellicola alimentare trasparente per evitare la formazione di una pellicina e grumi. Le amarene candite fatte in casa possono risultare più brutte dal punto di vista estetico, ma sono sicuramente più buone e genuine di quelle in commercio già confezionate. Inoltre potete conservarle per qualche settimana se chiuse in vasi di vetro e tenute in ambiente fresco.

INGREDIENTI PER 8-10 PERSONE

Per la pasta frolla
120 g di burro
80 g di zucchero
40 g di tuorlo d'uovo (n. 2)
3 g di sale
½ baccello di vaniglia
½ limone Costa d'Amalfi
150 g di farina 00
50 g di fecola di patate

Per il ripieno alla zucca
160 g di zucca pulita e sbucciata
40 g di burro morbido
50 g di zucchero
50 g di mandorle pelate dolci
100 g di uova intere (n. 2)
125 g di latte fresco intero
15 g di amaretti
3 g di sale
olio extravergine d'oliva
cannella in polvere

Per la zucca candita decorata
1 fetta rotonda e liscia di zucca
300 g di zucchero
300 g di acqua

Per la glassa al cioccolato fondente
50 g di latte fresco intero
50 g di cioccolato fondente

HALLOWEEN CAKE

Per la pasta frolla, inserite in un robot da cucina tutti gli ingredienti a partire dalla farina. Frullate per 1 minuto finché l'impasto sarà liscio e omogeneo. Fatene una palla e trasferitela in frigorifero avvolta nella pellicola trasparente per 2 ore. Con un mattarello stendete la pasta su un piano di lavoro leggermente infarinato fino a uno spessore di 5 mm e adagiatela in una tortiera di 22 cm di diametro. Per il ripieno alla zucca, riducete la zucca a pezzetti, cuocetela a fuoco moderato con un filo di olio e frullatene 150 g con un mixer a immersione. In una ciotola montate il burro con lo zucchero e poi incorporate le mandorle precedentemente tritate, le uova, il latte intero, la purea di zucca, il sale e la cannella. Amalgamate bene con le fruste elettriche e aggiungete gli amaretti finemente sbriciolati.

Per la zucca candita decorata, con un coltellino ritagliate la bocca, gli occhi e il naso su un perfetto disco di zucca di 22 cm di diametro e 1,5 cm di spessore. In una pentola bassa fate bollire l'acqua e lo zucchero, adagiate il disco di zucca e cuocetelo per 3 minuti. Lasciate la zucca nello sciroppo per circa 8 ore e, dopo questo tempo, ribollitela per 3 minuti. Dopo 8 ore, ripetete l'operazione. Preparate poi la glassa al cioccolato fondente, facendo bollire il latte per 10 secondi e versandolo, poco per volta, sul cioccolato, senza superare la temperatura di 35-38 °C. Infine prendete la tortiera con la pasta frolla, farcite con il ripieno preparato e cuocete in forno per 40 minuti a 170 °C. Lasciate raffreddare il dolce a temperatura ambiente. Togliete il disco di zucca dallo sciroppo e fatelo colare su una griglia. Quindi adagiatelo sulla torta e riempite le parti ritagliate con la glassa al cioccolato.

FUTURA

COBRA

INGREDIENTI PER 6-8 PERSONE

200 g di melannurca campana
70 g di uvetta sultanina
70 g di arancia candita a dadini
120 g di acqua
150 g di uova intere (n. 3)
100 g di farina 00
50 g di burro
55 g di zucchero
2 g di sale
1 pizzico di cannella in polvere
olio extravergine d'oliva

TORTELLI ALLA FRUTTA

Pelate le mele, riducetele in cubetti e fatele cuocere in padella, aggiungendo un filo d'olio, 50 g di zucchero e un pizzico di cannella. Dopo 3 minuti, quando le mele risulteranno cotte e asciutte, toglietele dalla padella e fatele raffreddare. Intanto, in un pentolino portate a ebollizione l'acqua con il burro, il sale e lo zucchero rimasto. Aggiungete la farina setacciata e fate una polenta: cuocete per 2-3 minuti a fuoco basso, mescolando con un cucchiaio di legno. Versate l'impasto in una larga terrina e lasciate intiepidire. Aggiungete le uova sbattendo con le fruste elettriche fino a ottenere un composto liscio. Quindi unite le mele cotte, l'uvetta sultanina e l'arancia candita e amalgamate gli ingredienti. Poi, con un sac-à-poche formate dei tocchetti di pasta che lascerete cadere direttamente in una padella con olio bollente a circa 175 °C, friggendoli fino a quando non saranno dorati. Lasciate intiepidire i tortelli su carta assorbente da cucina e poi disponeteli su un piatto da portata. Servite i tortelli spolverati con zucchero semolato.

Il consiglio di Salvatore

Setacciate sempre la farina per evitare grumi negli impasti e quando la versate in un liquido caldo, spegnete il fuoco perché si assorba bene. Infine, per preparare i tocchetti da friggere, troncateli con una bacchetta di legno unta d'olio mentre escono dal sac-à-poche.

INGREDIENTI PER 10 PERSONE

Per il budino al panettone
500 g di latte fresco intero
250 g di uova intere (n. 5)
75 g di zucchero
400 g di panettone ridotto a pezzetti
½ baccello di vaniglia
½ limone Costa d'Amalfi

Per la salsa all'arancia
200 g di fettine d'arancia sottilissime
100 g di zucchero
3 g di pectina

BUDINO AL PANETTONE IN SALSA ALL'ARANCIA

Portate a ebollizione il latte con le scorze di limone e vaniglia. A parte, in una terrina, sbattete con una frusta a mano le uova con lo zucchero e unite, a filo, il latte bollente filtrandolo attraverso un colino. Deponete sul fondo di uno stampo per budino di 18-20 cm di diametro i pezzi di panettone e poi, lentamente, versatevi sopra la miscela di uova, zucchero e latte. Ponete lo stampo preparato in un bagnomaria d'acqua fredda e infornate per circa 45 minuti a 160 °C. Controllate l'acqua di cottura: se comincia a bollire, aggiungetene di fredda. Togliete il budino dal forno e lasciatelo raffreddare a temperatura ambiente nel suo bagnomaria. Dopo qualche ora estraete lo stampo dall'acqua, asciugatelo e riponetelo in frigorifero a +4 °C.

Per la salsa all'arancia, tagliate le fettine d'arancia e ponetele in un padellino con la metà dello zucchero: fate bollire a fuoco basso, per 5 minuti. Miscelate il rimanente zucchero con la pectina e poi unitelo al composto caldo, lasciando bollire ancora per 1 minuto. Spegnete e fate raffreddare la salsa. Al momento di servire, prendete il budino dal frigorifero, sformatelo su un piatto di portata, decorate con fettine di arancia semicandite e versateci sopra la salsa di cottura.

INGREDIENTI PER 8 PERSONE

250 g di farina 00
250 g di purea di patate
15 g di lievito di birra
100 g di uova intere (n. 2)
50 g di zucchero
50 g di burro morbido
5 g di sale
1 baccello di vaniglia
½ arancia
½ limone Costa d'Amalfi
cannella in polvere

Per friggere
olio di semi di mais

CIAMBELLE DOLCI DI PATATE

Su una spianatoia disponete la farina a fontana, al centro create una fossetta e introducete la purea di patate, il lievito di birra precedentemente sciolto in un cucchiaio di acqua, le uova, lo zucchero, il burro a pezzetti, il sale, le scorze grattugiate degli agrumi e la polpa di vaniglia. Amalgamate bene tutti gli ingredienti, incorporando poco per volta la farina. Impastate energicamente con le mani fino a ottenere un composto morbido ed elastico. Raccoglietelo a forma di palla e lasciatelo riposare coperto con pellicola trasparente, per 30 minuti, a una temperatura ambiente di 26-28 °C. Quindi realizzate dei filoncini di 1,5 cm di diametro e lunghi 15 cm, che andrete a chiudere ad anello. Disponeteli su una placca infarinata e fateli lievitare, sempre a una temperatura di 26-28 °C, fino al raddoppio del loro volume. Friggete le ciambelle in olio di semi di mais bollente a 180 °C fino a completa doratura. Scolatele con il mestolo forato e asciugatele su carta assorbente. Ancora tiepide, spolverizzatele con una miscela di zucchero e cannella, quindi servite.

Il consiglio di Salvatore

Scegliete baccelli di vaniglia grossi e morbidi dell'Isola Bourbon. Tagliateli a metà nel senso della lunghezza e con il dorso di coltello raschiate la polpa interna fatta di semini neri. Lasciate essiccare in ambiente caldo il baccello vuoto, poi frullatene 50 g con 1 kg di zucchero. Conservate questo profumato zucchero a velo in barattoli di vetro e usatelo per preparare i dolci.

INGREDIENTI PER 12 MORDI E LECCA

Per la bavarese
al cioccolato al latte
125 g di latte fresco intero
40 g di tuorlo d'uovo (n. 2)
100 g di cioccolato al latte
1,5 g di gelatina in fogli
150 g di panna montata zuccherata
Per decorare
200 g di cioccolato al latte o bianco
150 g di granella di nocciole pralinate

MORDI E LECCA

RICETTA ADATTA ANCHE PER CELIACI

Portate a ebollizione il latte e versatelo sui tuorli, posti in una terrina, sbattendo velocemente con una frusta a mano, fino a portare la temperatura del composto a 80 °C. Incorporate la gelatina precedentemente messa a bagno in acqua fredda e strizzata. Amalgamate bene, aggiungete il cioccolato al latte e lasciate raffreddare il composto fino a 25 °C. A questo punto, con movimenti delicati, unite la panna montata zuccherata. Colate la crema ottenuta in bicchierini da caffè di plastica, fino a un'altezza di circa 2 cm. Fate raffreddare in frigorifero e, quando la crema si sarà rappresa, inserite al centro una palettina di plastica colorata per gelati. Trasferite i bicchierini nel freezer.

Una volta solidificati, estraete i mordi e lecca dai loro piccoli contenitori, immergendoli in acqua tiepida. Lasciateli per 1 minuto a temperatura ambiente e quando la loro superficie inizia a scongelarsi, ricopriteli completamente con la granella di nocciole pralinate. Sistemate i mordi e lecca su un foglio di carta da forno e rimetteteli in freezer. Intanto, fate sciogliere a bagnomaria il cioccolato al latte o bianco, facendo attenzione che la sua temperatura non superi 40 °C, e usatelo per glassare i mordi e lecca ancora congelati: lasciate sgocciolare l'eventuale cioccolato in eccesso e poi disponeteli su un foglio di carta da forno. Rimetteteli in freezer. Estraete i mordi e lecca 1 ora prima di degustarli.

INGREDIENTI PER 6 PERSONE

Per la pasta di nocciole pralinate
40 g di nocciole intere tostate e pelate
40 g di zucchero
20 g di acqua

Per la CremDeRì
80 g di pasta di nocciole pralinate
30 g di cioccolato al latte al 40%
5 g di cacao amaro in polvere
10 g di olio extravergine d'oliva

Per i panini al latte
200 g di farina 00
8 g di lievito di birra
20 g di latte condensato
30 g di burro morbido
3 g di sale
50 g di uova intere (n. 1)
80 g di acqua

CREMDERÌ CON PANINI AL LATTE

Preparate la pasta di nocciole pralinate. In un pentolino, portate l'acqua con lo zucchero, a fuoco moderato, fino a 140 °C. Unite le nocciole intere e con un cucchiaio di legno amalgamate. Lo zucchero diventerà leggermente caramellato e formerà una crosticina intorno alle nocciole. Quindi deponete le nocciole caramellate su un foglio di carta da forno e lasciatele raffreddare completamente. Nel bicchiere di un mixer frullate le nocciole per 5 minuti, fino a ottenere una pasta fluida. Conservatela a temperatura ambiente.

Per la CremDeRì, stemperate il cacao nell'olio, aggiungete il cioccolato al latte precedentemente fuso a 40 °C in un bagnomaria caldo e incorporate la pasta di nocciole preparata. Scaldate la crema fino a 40 °C. Versatene metà su un piano di marmo o un piano di lavoro molto freddo: lasciatela raffreddare fino a 20 °C rimestando di tanto in tanto con una spatola. Poi riunite le due preparazioni e amalgamate il composto fin quando avrà la temperatura di 29 °C. Versate la crema in vasetti di vetro e lasciatela raffreddare a temperatura ambiente.

Per i panini al latte, disponete la farina a fontana e al centro inserite l'uovo, il sale, il lievito precedentemente sciolto nell'acqua e il latte condensato. Impastate facendo assorbire la farina e infine unite il burro. Quando l'impasto sarà liscio e omogeneo, lasciatelo lievitare a temperatura ambiente per 30 minuti coperto con un telo di cotone. Formate dei panini di circa 25 g e, distanziandoli sopra una teglia infarinata, fateli lievitare ancora per circa 45 minuti. Trascorso il tempo spennellate la superficie con un uovo leggermente sbattuto e cospargete di zucchero semolato. Cuocete in forno a 200 °C per 15 minuti. Farcite i panini con la crema.

INGREDIENTI PER 6 PERSONE

90 g di albume d'uovo (n. 3)
200 g di zucchero
60 g di pinoli
60 g di pistacchi di Bronte
sgusciati e pelati
60 g di mandorle dolci pelate
e a filetti
15 g di cacao amaro in polvere
succo di limone

GOLOSOTTI

RICETTA ADATTA ANCHE PER CELIACI

Disponete la frutta secca su una placca rivestita di carta da forno e tostatela in forno a una temperatura di 140 °C per circa 10 minuti. Lasciatela raffreddare a temperatura ambiente. Con l'aiuto delle fruste elettriche montate a neve ferma l'albume con lo zucchero, aggiungendo qualche goccia di succo di limone. Quindi, con una spatola incorporate, con movimenti lenti dal basso verso l'alto, la frutta secca tostata e il cacao amaro in polvere, lasciandolo cadere da un setaccio direttamente nel composto. Amalgamate tutti gli ingredienti con cura. Foderate una placca con un foglio di carta oleata e, distanziandoli tra loro, adagiatevi dei mucchietti di impasto che potete formare aiutandovi con un cucchiaio oppure con un sac-à-poche. Infornate e cuocete a 160 °C per circa 45 minuti fino a quando saranno ben cotti e asciutti. Conservate i golosotti in una scatola chiusa. Serviteli spolverati con zucchero a velo.

Il consiglio di Salvatore

L'albume deve essere utilizzato a temperatura ambiente e per ottenere una montata a neve lucida e ben ferma aggiungete qualche goccia di limone, poiché l'acidità del succo rende la montata più asciutta. Fate attenzione, quando aggiungete il cacao, di non mescolare troppo per evitare di smontare il composto preparato.

INGREDIENTI PER 16 FRIZZANTINI

50 g di mandorle dolci tostate
e a filetti
50 g di riso soffiato
50 g di corn flakes
25 g di uvetta sultanina
150 g di cioccolato al latte

FRIZZANTINI ALLE MANDORLE

Riducete a pezzetti il cioccolato al latte, ponetelo in un tegame a fondo spesso e a fuoco bassissimo scioglietelo fino a una temperatura di circa 40 °C. Togliete dal fuoco, versatene la metà su un piano di lavoro freddo, possibilmente di marmo, e spatolatelo fino a quando raggiungerà la temperatura di circa 24 °C. Quindi riunitelo al cioccolato caldo rimasto (40 °C). Miscelate bene i due cioccolati e controllate con un termometro la temperatura, che dovrebbe risultare di 29 °C. Questa fase è importantissima per la buona riuscita del dolce. A questo punto aggiungete la frutta secca, l'uvetta, il riso soffiato e i corn flakes sbriciolati: amalgamate bene tutti gli ingredienti. Con un cucchiaio formate tanti mucchietti grossi come una noce su fogli di carta da forno e lasciateli asciugare a temperatura ambiente.

Il consiglio di Salvatore

La prima fase di lavorazione del cioccolato, che vi ho sopra descritto, si chiama "temperaggio" ed è molto importante per realizzare questi frizzantini e tutti i cioccolatini in genere. Ovviamente è indispensabile avere un termometro da cucina per controllare le giuste temperature.

INGREDIENTI PER 8 PERSONE

Per le melanzane
1 kg di melanzane di qualità violetta
50 g di cacao amaro in polvere
150 g di zucchero
5 g di cannella
sale fino
farina 00
olio extravergine d'oliva

Per la salsa al cioccolato
65 g di latte condensato
120 g di zucchero
200 g di acqua
40 g di cacao amaro in polvere
5 g di amido di mais
35 g di cioccolato fondente al 70%
15 g di burro
70 g di liquore "Incontri" Sal De Riso

Per decorare
60 g di frutta candita a dadini
10 g di granella di nocciole
10 g di mandorle a filetti

MELANZANE AL CIOCCOLATO

Sbucciate le melanzane, tagliatele a fette, cospargetele di sale fino e lasciatele scolare per 10 minuti. Sciacquatele e asciugatele con un telo di cotone o con carta da cucina. Infarinatele e friggetele in olio a 180 °C. Ancora tiepide, passate le fette, su entrambi i lati, in una miscela di cacao, zucchero e cannella.

Preparate la salsa al cioccolato. In un tegame riunite tutti gli ingredienti tranne il burro e il cioccolato. Ponete su fuoco basso e mescolando portate a bollore per circa 3 minuti. Lasciate raffreddare fino a 50 °C e poi incorporate il cioccolato e il burro. Aromatizzate la salsa ottenuta con 70 g di liquore "Incontri" (un liquore di mia produzione che si ispira all'antico elisir "Concerto"). Glassate le fette di melanzane nella salsa di cioccolato e disponetele poi su un vassoio da portata. Decorate eventualmente con frutta candita, granella di nocciole e mandorle. Servite il dolce a circa +10 °C.

Il consiglio di Salvatore

Degustate questo dolce campano, in particolare tipico di Maiori, sorseggiando un bicchierino di "Incontri" servito a +4 °C. Questo mio liquore si ispira al famoso "Concerto", inventato mescolando orzo, caffè e spezie con alcol delle suore del Convento di Pucara, una piccola frazione di Tramonti, nella mia adorata Costiera Amalfitana.

INGREDIENTI PER 10 PERSONE

Per la torta
100 g di burro morbido
85 g di zucchero a velo
40 g di tuorlo d'uovo (n. 2)
60 g di albume d'uovo (n. 2)
35 g di zucchero semolato
15 g di cacao amaro in polvere
4 g di lievito in polvere per dolci
125 g di mandorle dolci pelate e tostate
25 g di fecola di patate
40 g di uvetta sultanina
100 g di cioccolato fondente al 55%

Per la glassa al gianduia
150 g di cioccolato gianduia
30 g di olio extravergine d'oliva

TORTA GIOIA

In un robot da cucina riducete in polvere le mandorle e il cioccolato fondente spezzettato, versate poi in una ciotola e miscelatevi la fecola e il lievito, lasciandoli cadere da un setaccio. In una terrina montate il burro con lo zucchero a velo, unite, uno per volta, i tuorli e poi amalgamate gradualmente la miscela di polveri preparata. A parte, montate a neve l'albume con lo zucchero e con gesti delicati incorporateli al composto. Unite, infine, l'uvetta sultanina e ponete in uno stampo di alluminio semisferico di diametro 18 cm. Infornate a 160 °C per 65 minuti. Dopo la cottura, lasciate il dolce nello stampo fino a quando sarà tiepido. Sformate la torta sopra una griglia e lasciatela raffreddare bene per almeno 12 ore.

Preparate la glassa al gianduia. Sciogliete a bagnomaria il cioccolato fino a quando avrà la temperatura di circa 35 °C, quindi unite l'olio extravergine d'oliva. Mescolate bene e versatene la metà su un piano di lavoro freddo (meglio se di marmo): spatolatelo fino alla temperatura di 24 °C. Rimettete il cioccolato raffreddato nel contenitore insieme a quello caldo (a 35 °C) ed emulsionate bene il cioccolato evitando di incorporare aria utilizzando un cucchiaio di legno. Infine, ponete la torta su un piatto da portata e ricopritene totalmente la superficie con abbondante glassa al gianduia. A piacere decorate con nocciole di Giffoni spezzettate, pinoli, pistacchi di Bronte e filetti di mandorle tostate.

Il consiglio di Salvatore

Anche per questa torta, per evitare che durante la cottura in forno lo stampo si inclini, vi consiglio di creare una ciambella di carta stagnola, di sistemarla in una teglia rotonda e di posizionarvi al centro lo stampo.

Il consiglio di Salvatore

Per questo dolce mi sono ispirato alla "scazzetta del vescovo" inventata nel 1930 dal pasticcere di Salerno Alfonso Pantaleone: prende il nome, in dialetto salernitano, dal copricapo rosso degli alti prelati. L'importante è che la glassa con la quale ricoprite il pan di Spagna sia ben stabilizzata. Perciò vi consiglio di prepararla il giorno prima e di riscaldarla, per stenderla, a bagnomaria fino a una temperatura di 30 °C.

INGREDIENTI PER 8 PERSONE

Per il pan di Spagna
150 g di uova intere (n. 3) a temperatura ambiente
120 g di zucchero
70 g di farina 00
50 g di fecola di patate
½ limone Costa d'Amalfi
½ baccello di vaniglia

Per la bagna
60 g di acqua
60 g di zucchero
60 g di liquore Strega

Per la glassa alle fragole
100 g di fragoline di bosco pulite
100 g di fragole pulite
100 g di zucchero
3 g di pectina
5 g di gelatina in fogli
35 g di panna fresca liquida
½ limone Costa d'Amalfi

Per la crema pasticcera
(vedi "Zeppole di san Giuseppe", pag. 200)

Per decorare
120 g di fragoline di bosco
150 g di panna montata zuccherata

SCAZZETTA DEL VESCOVO

Preparate il pan di Spagna. Con le fruste elettriche montate per circa 10 minuti le uova intere con lo zucchero, fino a renderle gonfie e spumose. Profumate con la scorza grattugiata di limone e la vaniglia. Con una spatola, unite delicatamente la farina e la fecola precedentemente setacciate. Riempite una tortiera, imburrata e infarinata, di 22 cm di diametro. Infornate a 170 °C per 15 minuti.

Per la bagna, fate bollire l'acqua con lo zucchero, raffreddate e aggiungete il liquore. Quindi preparate la glassa alle fragole. Frullate le fragole e le fragoline, unite lo zucchero miscelato con la pectina, ponete in un tegame e a fuoco basso fate bollire per 3 minuti. Aggiungete il succo di limone e la gelatina precedentemente ammorbidita in acqua fredda e strizzata. Lasciate raffreddare fino a 40 °C e poi unite la panna liquida.

Tagliate orizzontalmente a metà il pan di Spagna. Adagiate la parte superiore nella tortiera di cottura ben pulita e inzuppate con la bagna al liquore Strega. Farcite stendendo uno strato di crema pasticcera precedentemente preparata e abbondanti fragoline di bosco. Ricoprite con il secondo disco di pan di Spagna e inzuppatene la superficie allo stesso modo. Trasferite la torta in freezer per circa 3 ore. Poi sformate la torta congelata con l'aiuto di un phon. Ponetela su una griglia e glassatela totalmente con la glassa alle fragole. Trasferite la torta sopra un piatto da portata e, al momento di servire, decorate a piacere con panna montata zuccherata e fragoline di bosco.

Vittorio, il ceramista

Originario di Minori, dopo aver frequentato l'Istituto d'arte di Salerno, Vittorio Ruocco inizia la sua formazione artistica nei primi anni Ottanta presso vari laboratori della ceramica vietrese, dove acquisisce le conoscenze necessarie a diventare un esperto del tornio e della decorazione. **L'abilità tecnica però non basta**, per plasmare l'argilla e adattarla alla forma che si ha in mente sono ugualmente necessarie **dedizione e sensibilità**. Qualità che non si imparano, ma si hanno nel sangue. E che Vittorio dimostra di possedere già nel 1984, quando realizzando un sogno apre un laboratorio con punto vendita nel centro di Minori, a due passi dalla pasticceria di Salvatore. I soggetti dei manufatti che realizza con l'aiuto dei figli rispecchiano il forte **legame con la terra di origine**, le immagini che impreziosiscono le ceramiche di Vittorio sono le stesse che restano negli occhi di chiunque abbia l'occasione di ammirare la Costiera Amalfitana.
Il sole e il mare, i limoni, dipinti sulla ceramica diventano opere richieste in tutto il mondo e apprezzate anche da **Papa Benedetto XVI**, per il quale Vittorio ha realizzato un servizio di piatti.

Chiusi da mangiare

Chi non ha passato, magari da bambino, qualche ora d'estate con la nonna o la zia a pelare frutta o verdure per poi metterle in un barattolo a conservare per l'inverno? Quei contenitori in vetro a chiusura ermetica sono un ricordo della tradizione casalinga di confetture e conserve. Salvatore ha voluto usare questo sistema per preparare alcune specialità in modo da conservare ed esaltare al meglio gli aromi e i sapori che le materie prime contengono. L'*Oro di San Marzano* rappresenta un omaggio ai migliori pomodori pelati della produzione campana, la poesia che si coglie nel nome *Tramonti… nel barattolo* porta alla sensazione fresca del finocchietto selvatico delle colline intorno al suo laboratorio, alla frolla con l'olio di oliva, al profumato liquore all'alloro. Preziosi ingredienti del territorio racchiusi in un barattolo e pronti da mangiare, con tutta la passione che Salvatore sa mettere nelle sue preparazioni.
E che dire delle *Melanzane in concerto*? Sembra di sentire questa verdura violetta suonare in modo invitante il nostro palato, esaltata dal liquore tipico di Pucara realizzato con una sinfonia unica di spezie.

INGREDIENTI PER 6 BARATTOLI

Per i biscotti di pasta frolla all'olio extravergine d'oliva Dop
40 g di tuorlo d'uovo (n. 2)
100 g di olio extravergine d'oliva
1 g di sale
250 g di farina 00
60 g di albume d'uovo (n. 2)
100 g di zucchero
25 g di latte fresco intero
½ baccello di vaniglia
1 pizzico di scorza grattugiata di limone Costa d'Amalfi

Per la crema all'alloro
250 g di acqua
50 g di panna fresca liquida
60 g di tuorlo d'uovo (n. 3)
75 g di zucchero
25 g di amido di mais
5 foglie di alloro

Per la crema di castagne
190 g di castagne
90 g di zucchero
25 g di burro
3 foglie di alloro
25 g di liquore "Ricordi" Sal De Riso all'alloro

Per decorare
6 marroni canditi
6 rametti di finocchietto selvatico

TRAMONTI... NEL BARATTOLO

In una ciotola preparate prima una maionese con i tuorli, il sale e l'olio e poi riponetela nel freezer per circa 1 ora. Setacciate la farina e disponetela a fontana su un piano di lavoro. Al centro scavate una fossetta e ponete la maionese gelata, gli albumi, lo zucchero, il latte, la vaniglia e la scorza di limone. Impastate bene con le mani, formate una palla e lasciatela riposare in frigorifero per 1 ora. Quindi stendete la pasta dello spessore di 5 mm: ritagliate degli ovali di circa 5 cm e adagiateli su una placca foderata da carta da forno. Cuocete i biscotti in forno a 170 °C per 12 minuti. Preparate l'infuso di alloro: fate bollire per 1 minuto l'acqua con le foglie di alloro. Spegnete, lasciate in infusione per 30 minuti e poi filtrate con un colino. A parte, con le fruste elettriche, montate i tuorli con lo zucchero, poi incorporate l'amido, quindi la panna liquida e infine 200 g dell'infuso di alloro preparato. Amalgamate, versate il tutto in un pentolino e a fuoco dolce, rimestando, portate a 82 °C. Togliete dal fuoco, lasciate un po' raffreddare ricoprendo con pellicola trasparente. Colate la crema all'alloro nei 6 barattoli, livellate e riponeteli chiusi in freezer per 30 minuti.

Per la crema di castagne: lessate le castagne in acqua con sale e 3 foglie di alloro. Una volta scolate, sbucciatele e frullatele per ottenere una purea, alla quale aggiungete zucchero, burro e liquore. Aprite i barattoli dopo averli tolti dal feezer e adagiate sulla crema un marrone candito e un biscottino; con una tasca da pasticcere con bocchetta riccia di 12 mm di diametro decorate con un ciuffo di crema di castagne. Finite con un rametto di finocchietto selvatico fritto. Riponete i barattoli in frigo e serviteli a +4 °C.

INGREDIENTI PER 6 BARATTOLI

Per il soufflé
200 g di uova intere (n. 4)
100 g di zucchero
scorza grattugiata di ½ limone
Costa d'Amalfi
25 g di cacao amaro in polvere
30 amarene sciroppate
(vedi "Zeppole
di san Giuseppe", pag. 200)
Per la decorazione
zucchero a velo

SOUFFLÉ AL LIMONE E CIOCCOLATO

Separate i tuorli dagli albumi e poneteli in due contenitori diversi. Unite ai tuorli 40 g di zucchero e sbatteteli con un frustino elettrico per circa 3 minuti. Montate a neve gli albumi con 60 g di zucchero e qualche goccia di succo di limone fino a farli diventare ben sodi. Miscelate delicatamente i due composti con una spatola di gomma e poi dividete in due parti uguali la massa ottenuta.

In un contenitore aggiungete e mescolate la buccia di limone grattugiata. Nell'altro incorporate il cacao setacciato e miscelate lentamente la massa, evitando di smontarla. Deponete in ogni barattolo leggermente imburrato 6 piccole amarene sciroppate e un po' del loro succo. Riempite fino a tre quarti, aiutandovi con un cucchiaio, un lato del barattolo con il soufflé al limone e l'altro lato con il soufflé al cioccolato. Infornate subito a 190 °C per circa 6 minuti, fino a quando il soufflé non sarà ben gonfio e dorato. Cospargete la superficie di zucchero a velo e servite subito.

Il consiglio di Salvatore

Questo dolce deve essere preparato al momento e, a fine preparazione, subito infornato e servito caldo. È possibile utilizzare lo stesso soufflé adagiandolo sopra una mattonella di gelato alla vaniglia, ricoperta con del pan di Spagna, ben congelata. Quando lo servirete otterrete un soufflé caldo con all'interno un cuore di gelato.

INGREDIENTI PER 6 BARATTOLI

Per i biscotti di pasta frolla all'olio extravergine d'oliva Dop
vedi "Tramonti... nel barattolo", pag. 231

Per la crema leggera al basilico
220 g di panna fresca liquida
30 g di zucchero
7 g di succo di basilico
4 g di gelatina in fogli
220 g di panna semimontata zuccherata

Per la salsa gelatinata al pomodoro San Marzano Dop
400 g di pomodori San Marzano Dop
20 g di zucchero
3 g di gelatina in fogli
sale e pepe

Per la gelatina di olio extravergine d'oliva
45 g di zucchero
45 g di acqua
1 g di pectina
10 g di olio extravergine d'oliva
½ limone Costa d'Amalfi

ORO DI SAN MARZANO

Preparate 6 biscotti di pasta frolla rotondi del diametro di 5 cm e 6 ovali lunghi 4 cm. Per la crema leggera al basilico, centrifugate un mazzo di foglie di basilico fino a ottenere 7 g di succo. A fuoco molto basso, mescolando, sciogliete la gelatina, precedentemente ammollata in acqua fredda e poi strizzata, e infine unite la panna liquida riscaldata a 40 °C. Aggiungete lo zucchero, il succo di basilico e lasciate raffreddare fino a 25 °C. Poi incorporate con delicatezza la panna semimontata. Preparate la salsa gelatinata al pomodoro San Marzano: immergete i pomodori in acqua bollente per 2 minuti. Spellateli, tagliatene a pezzi la polpa e cuoceteli a fuoco lento con lo zucchero e un pizzico di sale e pepe. Quando la salsa è pronta, aggiungete la gelatina precedentemente ammollata in acqua fredda e poi strizzata. Frullate con un mixer a immersione e lasciate raffreddare fino a 25 °C.

Per la gelatina di olio extravergine, in un pentolino fate bollire per 3 minuti l'acqua con lo zucchero e la pectina. Quindi aggiungete qualche goccia di limone e infine l'olio. Emulsionate con il frullatore a immersione e lasciate raffreddare. Poi frullate nuovamente la gelatina fredda al momento di preparare il dolce. In ogni barattolo versate 50 g di crema al basilico e subito riponeteli chiusi in freezer per 40 minuti. Quindi apriteli, adagiate un biscotto rotondo sopra la crema e poi colatevi 50 g di salsa gelatinata al pomodoro. Riponeteli di nuovo in freezer e dopo 30 minuti stendetevi uno strato di 20 g di crema al basilico. Rimetteteli in freezer per altri 10 minuti e poi conservateli in frigorifero. Serviteli a +4 °C, guarnendo ogni dessert con un biscottino ovale, una goccia di gelatina all'olio e una foglia di basilico fritta.

INGREDIENTI PER 6 BARATTOLI

Per le melanzane
2 melanzane medie
di qualità violetta
10 g di cacao amaro in polvere
30 g di zucchero
1 g di cannella
sale
farina 00
olio extravergine di oliva

Per la salsa al liquore "Concerto" Sal De Riso
100 g di liquore "Concerto" Sal De Riso
30 g di zucchero
30 g di panna fresca liquida
3 g di amido di mais

Per la mousse al cioccolato
100 g di cioccolato fondente al 70%
60 g di tuorlo d'uovo (n. 3)
50 g di zucchero
25 g di acqua
220 g di panna liquida da montare

Per decorare
6 ciliegie rosse candite
40 g di mandorle dolci pelate e a filetti

MELANZANE IN CONCERTO

Sbucciate le melanzane, tagliatele a fette molto sottili, cospargetele di sale fino e lasciatele per 10 minuti. Quindi lavatele e asciugatele con un telo pulito. Infarinatele con un sottile strato di farina e poi friggetele in olio a 180 °C. Mettetele ad asciugare su carta assorbente da cucina e, quando sono ancora tiepide, passatele, su entrambi i lati, in una miscela di cacao, zucchero e cannella.

Per la salsa al liquore "Concerto", in un pentolino miscelate lo zucchero con l'amido, la panna liquida e il liquore. Ponete a fuoco dolce e, mescolando, portate a 80 °C. Spegnete, lasciate raffreddate e conservate in frigorifero.

Preparate la mousse al cioccolato: cuocete lo zucchero con l'acqua fino a 121 °C e subito versatelo a filo sui tuorli, posti in una terrina, facendoli montare con le fruste elettriche per 5 minuti. A parte, semimontate la panna. Sciogliete il cioccolato fondente a bagnomaria fino a 45 °C: togliete dal fuoco e continuate a mescolare per qualche minuto. Incorporate con una spatola, delicatamente, metà della panna preparata, poi i tuorli montati e infine la panna rimasta. In ogni barattolo formate uno strato di mousse al cioccolato spessa 2,5 cm. Sopra disponete le melanzane tagliate a julienne, quindi ricopritele con la salsa al "Concerto". Decorate con filetti di mandorle, una ciliegia candita, una fetta d'arancia candita, un anice stellato e una stecca di cannella. Servite il dolce a +4 °C.

INGREDIENTI PER 6 BARATTOLI

Per il cake alle carote
50 g di burro morbido
50 g di zucchero
50 g di carote pelate
50 g di mandorle dolci pelate
50 g di uova intere (n. 1)
50 g di farina 00
2 g di lievito in polvere per dolci
6 g di liquore Strega

Mousse allo yogurt di bufala
150 g di yogurt di bufala
120 g di panna semimontata zuccherata
40 g di tuorlo d'uovo (n. 2)
50 g di zucchero
25 g di acqua
3 g di gelatina in fogli

Per la gelatina all'arancia
100 g di succo d'arancia
60 g di zucchero
3 g di pectina
10 g di scorza d'arancia
½ limone Costa d'Amalfi

Per le carote semicandite ai fiori di lavanda
12 carote piccole tipo baby
100 g di zucchero
100 g di acqua
1 g di fiori di lavanda essiccati

COSTA DEL SOLE

Per il cake alle carote, grattugiate le carote e poi ponetele in un robot da cucina, insieme con tutti gli altri ingredienti. Frullate per circa 1 minuto finché otterrete un impasto liscio e setoso. Suddividetelo nei 6 barattoli, precedentemente oleati, fino a un'altezza di 1,5 cm. Infornate i barattoli, aperti, a 165 °C per 12 minuti. Controllate la cottura con uno stecchino e poi lasciate raffreddare a temperatura ambiente. Intanto preparate la mousse di yogurt di bufala. In un pentolino versate l'acqua con lo zucchero e scaldate fino a 121 °C. Versate questa soluzione a filo sui tuorli d'uovo posti in una terrina e montateli con le fruste elettriche fino a quadruplicarne il volume. A parte, in un altro recipiente semimontate la panna con lo zucchero e poi unitela allo yogurt. A quest'ultimo composto incorporate la gelatina calda, che avrete sciolto a fuoco bassissimo dopo aver messo a bagno i fogli in acqua fredda. Emulsionate con le fruste elettriche e delicatamente, con una spatola, unite i tuorli montati. Colate in ogni barattolo, sopra al cake alle carote, la mousse di yogurt di bufala e ponete in freezer per 30 minuti.

Ora preparate la gelatina all'arancia: miscelate lo zucchero con la pectina e aggiungetelo al succo e alla scorza d'arancia tagliata a julienne. Fate bollire per 3 minuti e unite il succo di limone. Lasciate raffreddare e versatene uno strato sottile nei barattoli refrigerati. Preparate le carote semicandite ai fiori di lavanda. Lessate per 10 minuti le carote in acqua, zucchero e fiori di lavanda. Dopo circa 12 ore, rifate bollire per 1 minuto e conservate in frigo. Per completare il dessert, decorate ogni barattolo con le carote semicandite ai fiori di lavanda. Servite a +4 °C.

INGREDIENTI PER 6 BARATTOLI

Per la ricotta di capra al miele millefiori
250 g di ricotta di capra
90 g di miele millefiori
Per la purea di fichi bianchi del Cilento
350 g di fichi bianchi sbucciati
60 g di zucchero
5 g di rhum
Per la gelatina al miele millefiori
100 g di miele millefiori
100 g di acqua
2,5 g di gelatina in fogli
Per il nido di tagliolini dolci
200 g di farina 00
25 g di burro
20 g di zucchero
50 g di uova intere (n. 1)
2 g di sale
40 g di vino bianco secco

CAPRICCIO CILENTANO

Per la ricotta di capra al miele millefiori, con le fruste elettriche montate a crema la ricotta con il miele e tenetela da parte. Poi frullate i fichi con lo zucchero e il rhum per ottenerne una purea. Quindi, per la gelatina al miele, portate a ebollizione l'acqua con il miele per 30 secondi e dopo incorporate i fogli di gelatina, precedentemente ammollati in acqua fredda e strizzati: mescolando, sciogliete completamente.

Ora preparate il nido di tagliolini. Su una spianatoia disponete la farina a fontana e al centro ponete tutti gli ingredienti. Amalgamando bene, fate assorbire pian piano la farina. Lavorate la pasta con le mani, fino a renderla liscia ed elastica. Lasciatela riposare per 30 minuti in frigorifero e stendetela spessa 3 mm. Formate dei tagliolini con l'aiuto di una macchina per pasta oppure con un coltello e friggeteli in una padella con olio extravergine d'oliva bollente.

In ogni barattolo versate uno strato di crema di ricotta e sopra disponete uno strato di crema di fichi. Raffreddate in freezer per circa 45 minuti, quindi velate la superficie del dolce con la gelatina di miele. Conservate i barattoli in frigorifero e serviteli, a +4 °C, dopo aver adagiato un nido di tagliolini fritti spolverizzato con zucchero a velo.

INGREDIENTI PER 6 BARATTOLI

Per la pasta frolla
vedi "Soffiato di pastiera", pag. 81
pag. 81

Per il ripieno per pastiera
100 g di ricotta
80 g di zucchero
100 g di grano cotto
50 g di arancia candita a dadini
1 goccia di acqua di fiori d'arancio
100 g di uova intere (n. 2)
50 g di latte fresco intero
1 baccello di vaniglia

PASTIERA SIGILLATA

Preparate la pasta frolla e ricavate 6 dischi dello stesso diametro dei barattoli e spessi circa 4 mm e cuoceteli a 170 °C per 10 minuti.

Per il ripieno per pastiera, con l'aiuto delle fruste elettriche rendete a crema la ricotta con lo zucchero. Aggiungete la polpa di un baccello di vaniglia, l'arancia candita e gli altri ingredienti, avendo cura di amalgamarli bene.

Ponete sul fondo di ogni barattolo un disco pasta frolla, sopra versate il ripieno fino a poco più della metà del barattolo. Collocate nel centro della superficie un fiore di pasta frolla ritagliato con un coppapasta e spesso circa 3 mm. Infornate i barattoli aperti a 170 °C per 25 minuti. Lasciate poi raffreddare e servite questo dolce a temperatura ambiente.

PALAZZO • VINGIU

Backstage

I Reale, padre e figlio, nel loro regno

Luigi Aceto svela i suoi segreti

Anna, la dolce metà

Si prepara il "trionfo" di limoni

ia prende nota

Salvatore si racconta

In diretta il controllo delle foto

Si butta l'occhio sui primi scatti

Set fotografico per la pasta fresca

Il fotografo all'azione

La Vespa viaggia con l'Ape

Minori, il set per la foto di copertina

Con il fruttivendolo per i prodotti bandiera

Grafica e autore al lavoro

Salvatore si improvvisa "decoratore"

Il set

l' équipe di Salvatore al completo

Ringraziamenti

• A Rizzoli per avermi consentito di realizzare questo mio grande sogno e di collaborare con due persone straordinarie, Rossella Biancardi e Patrizia Segre

• Ad Antonella Clerici che, grazie alla sua trasmissione, mi ha dato la possibilità di farmi conoscere al grande pubblico de "La prova del cuoco"

• Ai miei maestri di vita e di gastronomia che hanno segnato la mia carriera professionale: Iginio Massari, Eliseo Tonti, Achille Zoia, Luigi Biasetto

• A Beppe Bigazzi per la grande passione e stima che ci unisce

• A tutti i miei collaboratori che insieme a me condividono l'amore per questo lavoro e la filosofia della qualità, nel rispetto dei nostri clienti

• A tutti i miei clienti, che ogni giorno, da tutte le parti, mi sostengono gratificandomi e stimolandomi a fare sempre meglio

• Al presidente dell'Accademia dei Maestri Pasticceri Italiani Giovanni Pina e a tutti i miei colleghi Accademici

• A mia moglie Anna e ai miei figli Anastasia e Antonio semplicemente perché sono il mio respiro…

• A tutta la mia famiglia per avermi sempre sostenuto

• A Mariangela Sicignano per avermi assistito

Ringrazio per la preziosa collaborazione:

• Vittorio Ruocco, Ceramiche d'Arte, Via Roma, Minori (SA)

• Marco Fusco, Ceramiche fes, Via Roma, Minori (SA)

• Giuseppe e Giuliano Ruocco, Antiquariato, P.zza Umberto I, Minori (SA)

• Antica Latteria di Tramonti, Fraz. Gete, Tramonti (SA)

• La Torretta, Olio extravergine D.O.P. Colline Salernitane, Battipaglia (SA)

• Pietro Vuolo, il mio amico pescatore

• Luigi Aceto, produttore di Limoni Costa d'Amalfi I.G.P.

• Costieragrumi, commercianti di Limoni Costa d'Amalfi I.G.P.

• Rosa Flauto e Clementina De Riso per la pasta fresca fatta a mano

• Luigi Reale, Osteria Reale, Fraz. Gete, Tramonti (SA)

• Dott. Mario Piscopo, proprietario della vespa in copertina

• Antonio Di Lieto, Sorbetteria artigianale, Fraz. Cesarano, Tramonti (SA)

• Giuseppe Di Fiore, Fichi Bianchi del Cilento

• Andrea Florio, fruttivendolo di Minori

• Best Western Hotel Marmorata, Ravello (SA)

• Gino Landi, fotografo di Maiori

Finito di stampare presso Errestampa s.r.l., Orio al Serio (BG)
nel mese di febbraio 2009